Dr. Jaerock Lee

Gud Helbrederen

[Gud] sagde: "Hvis du er lydig mod Herren din Gud og gør,
hvad der er ret i hans øjne, lytter til hans befalinger og holder alle hans love,
så vil jeg ikke påføre dig nogen af de sygdomme, jeg har påført egypterne,
for jeg er Herren, der læger dig."
(Anden Mosebog 15:26)

Gud Helbrederen af Dr. Jaerock Lee
Udgivet af Urim Books (Repræsentant: Kyungtae Noh)
73, Yeouidaebang-ro 22-gil, Dongjak-gu, Seoul, Korea
www.urimbooks.com

Medmindre andet bemærkes er alle citater fra Bibelen, Det Danske Bibleselskab, 1997.

ISBN: 979-11-263-0288-8 03230

Tidligere udgivet på koreansk af Urim Books i 1992

Første udgivelse: April, 2017

Redigeret af Dr. Geumsun Vin
Design: Redaktionsbureauet ved Urim Books
Tryk: Prione Printing
For yderligere information: urimbook@hotmail.com

En bemærkning om udgivelsen

Da den materialistiske civilisation og velstand fortsat fremmes, har folk i dag mere tid og flere midler i overskud. Folk investerer desuden tid og velstand i at opnå et sundere og mere komfortabelt liv, og der er stor opmærksomhed omkring udbuddet af brugbar information.

Men i menneskets liv er både aldring, sygdom og død under Guds herredømme, og kan hverken kontrolleres med penge eller viden. Desuden er det et uimodsigeligt faktum, at til trods for den yderst sofistikerede lægevidenskab, som er skabt af menneskelig viden og akkumuleret over århundreder, så er der et stadig stigende antal af patienter, som lider af uhelbredelige og dødelige sygdomme.

Gennem verdenshistorien har der været utallige personer med forskellig tro og viden – inklusiv Buddha og Konfucius – men de har alle været tavse overfor dette spørgsmål, og ingen af dem har været i stand til at undgå aldring, sygdom og død. Dette emne er forbundet med synd og menneskehedens frelse, og ingen af disse to spørgsmål kan besvares af mennesket.

I dag er der mange hospitaler og apoteker, som er let tilgængelige og som tilsyneladende står parat til at gøre vores samfund sygdomsfrit og sundt. Ikke desto mindre er vores kroppe og verden inficeret med forskelligartede sygdomme lige fra almindelige influenzaer til lidelser med uidentificeret årsag, som ikke kan behandles. Folk er hurtige til at skyde skylden på klimaet eller miljøet; de opfatter sygdom som et naturligt og fysiologisk fænomen, og sætter deres lid til medicin og lægelig teknologi.

For at opnå en grundlæggende helbredelse og føre sunde liv må vi hver især forstå, hvor sygdommene stammer fra, og hvordan vi kan blive helbredt. Der er altid to sider af budskabet og sandheden: De mennesker, som ikke tager imod disse to ting vil blive forbandet og straffet, mens de, som tager imod dem, vil få velsignelser og liv. Det er Guds vilje, at sandheden skal skjules fra dem, der ligesom farisæerne og de skriftkloge vurderer sig selv som vise og intelligente; det er også Guds vilje, at sandheden skal åbenbares for dem, som er ligesom børn, ønsker at høre den og åbner deres hjerter (Lukasevangeliet 10:21).

Gud har lovet velsignelser til dem, som adlyder og lever

efter hans befalinger, men han optegner også detaljeret hvilke forbandelser og sygdomme, som vil ramme de mennesker, der er ulydige overfor hans bud (Femte Mosebog 28:1-68).

Med dette værk stræbes der efter at føre folk på den rette vej til frihed fra sygdom og lidelse ved at påminde ikke-troende eller endda troende, som overser det væsentlige, om Guds ord.

Må hver af jer blive helbredt for små og store sygdomme og lidelser i den udtrækning I hører, læser og forstår Gud ord og gør det til føde med kraften fra frelsens og helbredelsens Gud. Og må sundheden dvæle i jer og jeres familier; det beder jeg om i vor Herres navn!

Jaerock Lee

Indholdsfortegnelse

Gud Helbrederen

En bemærkning om udgivelsen

Kapitel 1
Sygdommens oprindelse og helbredelsens stråle 1

Kapitel 2
Vil du være rask? 13

Kapitel 3
Gud Helbrederen 31

Kapitel 4
Ved hans sår blev vi helbredt 43

Kapitel 5
Kraft til at helbrede sygdomme 59

Kapitel 6
Måder til helbredelse af en dæmonbesat 71

Kapitel 7
Den spedalske Na'amans tro og lydighed 87

Kapitel 1

Sygdommens oprindelse og helbredelsens stråle

Men for jer, der frygter mit navn,
skal retfærdighedens sol stråle frem,
under dens vinger er der helbredelse.
I skal komme ud og springe omkring som fedekalve.

Malakias' Bog 3:20

1. Den underliggende årsag til sygdom

Mennesker, som ønsker at leve lykkelige og sunde liv i deres tid på denne jord, indtager alle former for mad, som siges at være gode for helbredet, og de er søger hemmelige metoder. Til trods for den materialistiske civilisation og lægevidenskabens fremgang er det dog en realitet, at det ikke kan undgås at komme til at lide under uhelbredelige og dødelige sygdomme.

Kan mennesket da ikke komme uden om sygdommens lidelse under sin tid på denne jord?

De fleste mennesker er hurtige til at skyde skylden på klimaet eller miljøet, eller opfatte sygdom som et naturligt eller fysiologisk fænomen, og de sætter deres lid til medicin og lægelig teknologi. Når årsagen til alle former for sygdomme og lidelser er blevet fastlagt, kan alle og enhver blive fri for dem.

Bibelen præsenterer os for en grundlæggende måde til at leve uden sygdom, og forklarer, hvordan en syg person kan modtage helbredelse:

> *[Gud] sagde: "Hvis du er lydig mod Herren din Gud og gør, hvad der er ret i hans øjne, lytter til hans befalinger og holder alle hans love, så vil jeg ikke påføre dig nogen af de sygdomme, jeg har påført egypterne, for jeg er Herren, der læger dig"* (Anden Mosebog 15:26).

Dette er det pålidelige ord fra Gud, som kontrollerer

menneskets liv, død, forbandelse og velsignelse, og det er givet til os personligt.

Så hvad er da sygdom, og hvordan bliver man udsat for den? I medicinske termer henviser "sygdom" til alle slags vanskeligheder i forskellige dele af kroppen – en usædvanlig eller abnorm sundhedstilstand – og den udvikles og spredes hovedsagligt af bakterier. Med andre ord er sygdom en unormal kropstilstand, som skyldes sygdomsfremkaldende gift eller bakterier.

I Anden Mosebog 9:8-9 er der en beskrivelse af den proces, hvormed byldepesten kom til Egypten:

> *"Herren sagde til Moses og Aron: 'Fyld jeres hænder med sod fra en smelteovn; det skal Moses kaste op i luften for øjnene af Farao, og så skal det blive til en støvsky over hele Egypten; den vil fremkalde udslæt, der bryder ud i bylder på mennesker og dyr overalt i Egypten.'"*

I Anden Mosebog 11:4-7 læser vi, at Gud skelnede mellen israelitterne og egypterne. For israelitterne, som tilbad Gud, var der ikke nogen plage, men for egypterne, som hverken tilbad Gud eller levede efter hans vilje, ville der komme en plage for deres førstefødte.

Gennem Bibelen lærer vi, at selv sygdom er under Guds herredømme. Han beskytter dem, som frygter ham, men sygdommen vil ramme dem, som synder, for han vil vende ansigtet bort fra disse individer.

Så hvorfor findes der sygdom og lidelser? Betyder dette at Gud Skaberen har lavet sygdommen på skabelsens tid, sådan at mennesket skal leve i fare? Gud Skaberen skabte menneske, og han kontrollerer alt i universet med godhed, retfærdighed og kærlighed.

Da Gud havde skabt det mest passende miljø for mennesket at leve i (Første Mosebog 1:3-25), skabte han mennesket i sit eget billede, velsignede det og gav det den højeste grad af frihed og autoritet.

Mennesket nød frit de gudgivne velsignelser, mens de adlød hans befalinger og levede i Edens have, hvor der hverken er tårer, sorger, lidelser eller sygdom. Da Gud så, at alt, han havde lavet, var blevet godt (Første Mosebog 1:31), gav han en befaling: *"Du må spise af alle træerne i haven. Men træet til kundskab om godt og ondt må du ikke spise af, for den dag du spiser af det, skal du dø!"* (Første Mosebog 2:16-17)

Men da den snedige slange så, at mennesket ikke overholdt Guds befaling i sindet, men i stedet overså den, fristede den Eva, som var gift med det første menneske. Da Adam og Eva spise frugten fra kundskabens træ og dermed syndede (Første Mosebog 3:1-6), kom døden ind i mennesket, som Gud havde advaret om (Romerbrevet 6:23).

Efter at mennesket havde begået ulydighedens synd, modtaget syndens løn og stod overfor døden, døde menneskets hersker – ånden – også, og kommunikationen mellem mennesket og Gud holdt op med at eksistere. Det blev uddrevet fra Edens have og kom til at leve med tårer, sorg, lidelse, sygdom og død. Da alt på jorden var forbandet, producerede den torne og tidsler, og mennesket kunne kun spise ved deres ansigt sved (Første Mosebog 3:16-24).

Den underliggende årsag til sygdom er den oprindelige synd, som blev frembragt af Adams ulydighed. Havde Adam ikke været ulydig overfor Gud, ville han ikke være blevet uddrevet fra Edens have, og ville heller ikke have levet i fare og lidt under forskellige former for sygdom. Ingen vil blive erklæret retfærdig i Guds øjne ved at overholde loven uden først at have løst syndens problem (Romerbrevet 3:20).

2. Retfærdighedens sol skal stråle frem

I Malakias' Bog 3:20 står der: *"Men for jer, der frygter mit navn, skal retfærdighedens sol stråle frem, under dens vinger er der helbredelse. I skal komme ud og springe omkring som fedekalve."* Udtrykket "retfærdighedens sol" henviser her til Messias.

Gud fik medlidenhed med menneskeheden, som gik på destruktionens vej og led af sygdomme, og han forløste os fra alle synder gennem Jesus Kristus, som han havde beredt, ved at lade ham blive korsfæstet og lade hans blod blive udgydt. Enhver, som har taget imod Jesus Kristus, er blevet tilgivet sine synder og frelst, og kan blive sygdomsfri og leve et sundt liv. På grund af altings forbandelse måtte mennesket leve i fare for sygdom, så længe han trak vejret, men ved Guds kærlighed og nåde er en vej til frihed fra sygdom nu blevet åbnet.

Når Guds børn modstår synden indtil blodet flyder (Hebræerbrevet 12:4) og lever ved hans ord, vil han beskytte dem med sine øjne, der er som rasende ild, og skærme dem med Helligåndens flammende mur, sådan at ingen gift i luften nogensinde vil kunne trænge sig ind i deres kroppe. Og selv om man bliver syg, så vil Gud brænde sygdommen og helbrede det påvirkede område, når man angrer og retter sig mod Gud. Dette er helbredelse ved "retfærdighedens sol."

Moderne medicin har udviklet ultraviolet terapi, som i dag bruges udbredt til at forebygge og helbrede en lang række sygdomme. De ultraviolette stråler er yderst effektive til desinfektion og frembringer kemiske forandringer i kroppen. Denne terapi kan ødelægge omkring 99% af tyktarmsbacillerne, difteri og dysenteri, og er også effektiv mod tuberkulose, engelsk syge, anæmi, reumatisme og hudsygdomme. Men selv en behandling som ultraviolet stråling, der er hjælpsom og effektiv, kan ikke anvendes overfor hvilken som helst sygdom.

Kun "retfærdighedens sol med helbredelse under sine vinger", som omtales i skrifterne, er den stråle af kraft, som kan helbrede alle sygdomme. Strålerne fra retfærdighedens sol kan bruges til at helbrede alle former for sygdomme og kan anvendes til alle mennesker. Gud helbreder på denne måde i sandhed enkelt, og dog komplet, og denne helbredelse er dybest set den bedste.

Ikke længe efter at jeg grundlagde min kirke, blev en patient, som var på dødens rand og havde ulidelige smerter af lammelse og kræft, bragt til mig på en båre. Han var ude at stand til at tale, fordi hans tunge var stivnet, og han kunne ikke bevæge kroppen, da den var blevet lammet. Lægerne havde opgivet, men patientens kone, som troede på Guds kraft, tilskyndede sin mand til at sætte sin lid til Gud. Da patienten indså, at den eneste måde, hvorpå han kunne bevare livet, var at klynge sig til Gud og bønfalde ham, forsøgte han at tilbede selv fra båren, og hans kone bad ligeledes oprigtigt med tro og kærlighed. Da jeg så deres tro, bad jeg også indtrængende for manden. Snart efter angrede patienten, som tidligere havde bebrejdet sin kone, at hun troede på Jesus, og da han overlod sit hjerte til Gud, sendte Gud helbredelsens stråle, brændte mandens krop med Helligåndens ild og rensede den. Halleluja! Da den underliggende årsag til sygdommen blev brændt væk, begyndte manden snart at gå og løbe, og han blev rask igen. Det er unødvendigt at tilføje, at medlemmerne af Manmin takkede Gud og frydede sig over at opleve dette forbløffende eksempel på Guds helbredelse.

3. For jer, der frygter mit navn

Vores Gud er almægtig, og skabte alt i universet med sit ord. Han skabte desuden mennesket af jord. Da denne Gud er vores fader, kan vi fuldt ud stole på ham med vores tro, også når vi bliver syge. Han vil se og anerkende vores tro og helbrede os med glæde. Der er ikke noget galt med at blive helbredt på et hospital, men Gud fryder sig, når hans børn stoler på hans almægtighed, kalder på ham med oprigtighed, lader sig helbrede og dermed ærer ham.

I Anden Kongebog 20:1-11 læser vi historien om Hizkija, kongen i Judæa, som blev syg da Assyrien invaderede hans rige, men som blev fuldstændig helbredt tre dage efter at han bad til Gud, og dermed fik sit liv forlænget med femten år.

Gennem profeten Esajas gav Gud Hizkija følgende besked: *"Beskik dit hus, for du skal dø; du bliver ikke rask"* (Anden Kongebog 20:1; Esajas Bog 38:1). Med andre ord fik Hizkija en dødsdom, som sagde, at han skulle forberede sin død og ordne sagerne i sit rige og i sin familie. Men Hizkija vendte omgående ansigtet mod muren og bad til Herren (Anden Kongebog 20:2). Kongen indså, at hans sygdom var resultatet af hans forhold til Gud, så han tilsidesatte alt for at bede.

Mens Hizkija bad inderligt med tårer, sagde Gud til ham: *"Jeg har hørt din bøn, og jeg har set dine tårer. Derfor giver jeg dig endnu 15 år at leve i, og jeg vil redde dig og denne by fra assyrerkongen; ja, jeg beskytter denne by"* (Esajas' Bog 38:5-6). Vi kan forestille os, hvor oprigtigt og ufravigeligt Hizkija må have bedt, når Gud svarede ham: "Jeg har hørt din bøn, og jeg har set dine tårer."

Gud besvarede Hizkijas forespørgsel og helbredte kongen fuldstændigt, sådan at han kunne gå op til Guds tempel tre dage efter. Desuden forlængede Gud Hizkijas liv med femten år, og under resten af kongens liv holdt han byen Jerusalem fri for trusler fra Assyrien.

Hizkija var udmærket klar over, at liv og død er under Guds herredømme, og det var derfor yderst vigtigt for ham at bede til Gud. Gud frydede sig over Hizkijas ydmyge hjerte og tro, og lovede kongen helbredelse. Da Hizkija søgte efter tegn på helbredelse, fik han skyggen til at gå de ti trin tilbage, som den allerede var gået ned af Akaz' solur (Anden Kongebog 20:11). Vores Gud er helbredelsens Gud og en meget betænksom fader, som giver til dem, der søger.

Omvendt ser vi i Anden Krønikebog 16:12-13 at: *"I sit niogtredivte regeringsår fik Asa en sygdom i fødderne, og han var alvorligt syg. Heller ikke under sin sygdom søgte han Herren, men lægerne. Asa lagde sig til hvile hos sine fædre; han døde i sit enogfyrretyvende regeringsår."* Lige da han havde indtaget tronen, havde det været anderledes: *"Asa gjorde, hvad der var ret i Herrens øjne, ligesom sin fader David"* (Første Kongebog 15:11). Han var først en vis regent, men da han lidt efter lidt mistede troen på Gud og begyndte at sætte sin lid til mennesket, kunne han ikke længere modtage Guds hjælp.

Da Basha, kongen i Israel, invaderede Judæa, satte Asa sin lid til Ben-Hadad, Arams konge, i stedet for til Gud. Dette blev Asa bebrejdet af seeren Hanani, men kongen ændrede sig ikke. I stedet satte han seeren i fængsel og undertrykte sit eget folk (Anden Krønikebog 16:7-10).

Før Asa begyndte at stole på kongen af Aram, påvirkede Gud Arams hær, sådan at den ikke kunne invadere Judæa. Men fra det tidspunkt, hvor Asa stolede på Arams konge i stedet for på sin Gud, kunne han ikke længere modtage Guds hjælp. Desuden var Gud ikke tilfreds med, at Asa søgte hjælp hos lægerne. Derfor døde Asa bare to år efter at hans fodsygdom begyndte. Selv om Asa bekendte sin tro på Gud, udviste han dog ikke troens handlinger, og han kaldte ikke på Gud den almægtige i håb om hjælp.

Helbredelsens stråle fra Gud kan helbrede enhver type af sygdom, sådan at den lammede kan stå og gå, den blinde kan se igen, den døve kan høre og den døde kan komme tilbage til livet. Da Gud Helbrederen har ubegrænset magt, er sygdommens alvor uden betydning. Fra en mindre sygdom som en forkølelse til en kritisk sygdom som kræft – det er alt sammen det samme for Gud Helbrederen. Det vigtigste er vores hjerte, når vi stiller os frem for Gud: Om vi er ligesom Asa eller ligesom Hizkija.

Må du tage imod Jesus Kristus, modtage svar på syndens problem, blive dømt retfærdig ved troen, behage Gud med et ydmygt hjerte og tro, der ledsages af handlinger ligesom Hizkijas, modtage helbredelse for alle sygdomme og altid føre et sundt liv – Det beder jeg om i vor Herres navn!

Kapitel 2

Vil du være rask?

Der lå en mand, som havde været syg i 38 år.
Da Jesus så ham ligge der og vidste,
at han allerede havde været der i lang tid,
sagde han til ham: "Vil du være rask?"

Johannesevangeliet 5:5-6

1. Vil du være rask?

Der findes mange eksempler på mennesker, som ikke tidligere har kendt Gud, men som søger ham og kommer til ham. Nogle kommer til ham ved at følge deres egen gode samvittighed, mens andre møder ham gennem forkyndelse. Nogle finder Gud efter at have oplevet skepsis ved livet gennem fejlslagne forretningsforsøg eller uharmoniske familieforhold. Endnu andre kommer for ham med nødstedt hjerte på grund af ulidelige fysiske smerter eller frygt for døden.

Ligesom den syge, der havde lidt af smerter i 38 år ved Betesda dam, må man ønske helbredelse højere end noget andet for at overlade alt til Gud og blive helbredt.

I Jerusalem var der nær Fåreporten en dam, som blev kaldt Betesda på hebræisk. Den var omgivet af fem søjlegange, hvor der lå samlet en mængde blinde, lamme og krøblinger. Ifølge en legende kom Herrens engel til tider ned i dammen og bragte vandet i oprør. Det blev sagt, at den første, der kom ned i vandet, efter at det var blevet bragt i oprør, ville blive helbredt for enhver sygdom, han havde. Betydningen af dammens navn er "Nådens hus."

Da Jesus så den syge, som havde ligget ved dammen i 38 år, og vidste, at manden havde lidt i lang tid, spurgte han til ham: "Vil du være rask?" Manden svarede: *"Herre, jeg har ikke et menneske til at hjælpe mig ned i dammen, når vandet er bragt i oprør, og mens jeg er på vej, når en anden i før mig"* (Johannesevangeliet 5:7). Gennem dette svar bekræftede manden overfor Herren, at selv om han oprigtigt ønskede at blive helbredt, så kunne han ikke opnå det alene. Vor Herre så mandens hjerte, og sagde til ham: *"Rejs dig, tag din båre og gå!"*, og straks var manden helbredt. Han tog sin båre og gik omkring (Johannesevangeliet 5:8).

2. Man må tage imod Jesus Kristus

Da manden, som havde været syg i 38 år, mødte Jesus Kristus, blev han øjeblikkeligt helbredt. Han fik tro på Jesus Kristus, livets sande kilde, og dermed blev han tilgivet alle sine synder og blev helbredt for sin sygdom.

Mon nogen af læserne lider af sygdomme? Hvis man lider af en sygdom og ønsker at komme til Gud og blive helbredt, må man først tage imod Jesus Kristus, blive Guds barn og få tilgivelse for at fjerne enhver barriere overfor Gud. Man må tro på, at Gud er almægtig. Han kan udføre ethvert mirakel. Man må også tro, at vi er blevet forløst for alle vores sygdomme gennem Jesus, og at man vil blive helbredt, når man søger det i Jesu Kristi navn.

Når vi beder med denne form for tro, vil Gud høre vores bønner og manifestere sin helbredende gerning. Uanset hvor langvarig eller kritisk en sygdom end måtte være, kan man overlade alle sine sundhedsproblemer til Gud, og man bør huske på, at man kan blive rask på et øjeblik, når man helbredes af Guds kraft.

Da den lamme mand, som optræder i Markusevangeliet 2:3-12 hørte, at Jesus var kommet til Kapernaum, ønskede han at opsøge ham. Den lamme havde hørt, at Jesus helbredte folk med mange forskellige sygdomme, uddrev onde ånder og helbredte spedalske, og han tænkte derfor, at ham også selv ville kunne blive helbredt. Den lamme indså, at det ikke ville være muligt for ham at komme i nærheden af Jesus, fordi der havde samlet sig så mange mennesker om ham, så ved hjælp af sine venner lavede han hul i taget på det hus, hvor Jesus opholdt sig, og blev sænket ned på sin båre.

Man kan forestille sig, hvor stærkt den lammes ønske om at opsøge Jesus har været, når han har gennemført dette! Så hvordan reagerede Jesus, da den lamme, som ikke var i stand til at gå rundt og ikke kunne komme frem på grund af folkemængden, viste sin tro og dedikation med hjælp fra sine venner? Jesus skældte ham ikke ud for sin dårlige opførsel, men sagde i stedet til ham: *"Søn, dine synder tilgives dig."*, og han lod ham rejse sig og gå med det samme.

I Ordsprogenes Bog 8:17 fortæller Gud os: *"Jeg elsker dem, der elsker mig, og de, der søger mig, finder mig."* Hvis man ønsker at blive fri for sygdommens lidelser, må man først have et oprigtigt ønske om helbredelse, tro på Guds magt, som kan løse sygdommens problem, og tage imod Jesus Kristus.

3. Man må ødelægge syndens mur

Uanset i hvor høj grad, man tror, at man kan blive helbredt af Guds kraft, så kan Gud ikke udføre sin gerning, hvis man har en mur af synd mellem sig selv og ham. Derfor fortæller han os i Esajas' Bog 1:15-17: *"Når I rækker hænderne frem imod mig, lukker jeg øjnene; hvor meget I end beder, hører jeg det ikke. Jeres hænder er fulde af blod, vask jer, rens jer! Fjern jeres onde gerninger fra mine øjne, hold op med at handle ondt, lær at handle godt! Stræb efter ret, hjælp den undertrykte, skaf den faderløse ret, før enkens sag."* Og i det følgende vers 18 lover han: *"Kom, lad os gå i rette med hinanden, siger Herren. Er jeres synder som skarlagen, kan de blive hvide som sne; er de røde som purpur, kan de blive som uld."*

Vi finder også det følgende i Esajas' Bog 59:1-3:

> *"Herrens arm er ikke for kort til at frelse, hans ører er ikke for døve til at høre. Nej, det er jeres synder, der skiller jer fra jeres Gud; jeres overtrædelser skjuler hans ansigt, så han ikke kan høre jer. For jeres hænder er sølet til af blod og jeres fingre af synd; jeres læber taler løgn, jeres tunger forkynder ondskab."*

Mennesker, som ikke kender Gud og ikke har taget imod Jesus Kristus, og som har levet på egen vis, indser ikke, at de er syndere. Når folk tager imod Jesus Kristus som deres frelser og får Helligånden i gave, vil Helligånden dømme den skyldige verden i forhold til synd, retfærdighed og dom, og folk vil anerkende og bekende, at de er syndere (Johannesevangeliet 16:8-11).

Men der kan være tilfælde, hvor folk ikke ved helt detaljeret, hvad synd er, og derfor er ude af stand til at skille sig af med synden og ondskaben i sig og få svar fra Gud. Disse mennesker må først vide præcis, hvad der er synd i hans øjne. For alle sygdomme og lidelser kommer fra synd, og man kan først først opleve helbredelsens rappe gerning, når man ransager sig selv og ødelægger syndens mur.

Lad os dykke ned i skrifterne og se på, hvad de fortæller os om synd, og om hvordan vi kan ødelægge syndens mur.

1) Man bør angre, at man ikke har troet på Gud og taget imod Jesus Kristus

Bibelen fortæller os, at vores manglende tro på Gud og uimodtagelighed overfor Jesus Kristus som vores frelser, er en synd (Johannesevangeliet 16:9). Mange ikke-troende siger, at de fører gode liv, men disse mennesker har ikke mulighed for at vurdere sig selv korrekt, for de kender ikke det sande ord – Guds lys – og er ikke i stand til at skelne mellem rigtigt og forkert.

Selv om en person er sikker på at have ført et godt liv, vil man kunne finde megen uretfærdighed og usandhed, når vedkommendes liv holdes op mod sandheden, som er ordet fra Gud, den almægtige, som har skab alt i universet og kontrollerer liv, død, forbandelser og velsignelser. Det er derfor, Bibelen fortæller os at: *"Der er ingen retfærdig, ikke en eneste"* (Romerbrevet 3:10), og at *"For af lovgerninger bliver intet menneske retfærdigt overfor ham; det, der kommer ved loven, er jo syndserkendelse"* (Romerbrevet 3:20).

Hvis man ikke har troet på Gud og taget imod Jesus Kristus, må man angre og blive barn af Gud. Så vil den almægtige Gud blive ens fader, og man vil dermed få svar på hvilken som helst sygdom, man har.

2) Man bør angre, at man ikke har elsket sine brødre

Bibelen fortæller os: *"Mine kære, når Gud har elsket os således, skylder vi også at elske hinanden"* (Første Johannesbrev 4:11). Den minder os også om, at vi skal elske selv vores fjender (Matthæusevangeliet 5:44). Hvis vi hader vore brødre, er vi ulydige overfor Guds ord, og dette er en synd.

Jesus demonstrerede sin kærlighed til menneskeheden ved at opholde sig blandt synd og ondskab, og blive korsfæstet. Derfor er det kun rimeligt, at vi elsker vores forældre, børn, brødre og søstre. I Guds øjne er det forkert af os at hade og at mangle evnen til at tilgive på grund af ligegyldige, men dog forkerte følelser og misforståelser overfor hinanden.

I Matthæusevangeliet 18:23-35 fortæller Jesus os følgende lignelse:

> *"Derfor: Himmeriget ligner en konge, der ville gøre regnskab med sine tjenere. Da han begyndte på regnskaberne, blev en, der skyldte ti tusind talenter,*

ført frem for ham. Da han ikke havde noget at betale med, befalede hans herre, at han og hans kone og børn og alt, hvad han ejede, skulle sælges og gælden skulle betales. Men tjeneren kastede sig ned for ham og bad: Hav tålmodighed med mig, så skal jeg betale dig det alt sammen. Så fik den tjeners herre medynk med ham og lod ham gå og eftergav ham gælden. Men da den tjener gik ud, traf han en af sine medtjenere, som skyldte ham hundred denarer. Og han greb ham i struben og sagde: Betal, hvad du skylder! Hans medtjener kastede sig ned for ham og bad: Hav tålmodighed med mig, så skal jeg betale dig. Det ville han ikke, men gik hen og lod ham kaste i fængsel, indtil han fik betalt, hvad han skyldte. Da hans medtjenere nu så, hvad der var sket, blev de meget bedrøvede og gik hen og forklarede deres herre alt, hvad der var sket. Da kaldte hans herre ham for sig og sagde: Du onde tjener, al den gæld eftergav jeg dig, da du bad mig om det. Burde du ikke også forbarme dig over din medtjener, ligesom jeg forbarmede mig over dig? Og hans herre blev vred og overlod ham til bødlerne, indtil han fik betalt alt, hvad han skyldte. Sådan vil også min himmelske fader gøre med hver eneste af jer, der ikke af hjertet tilgiver sin broder."

Selv om vi har modtaget vores Fader Guds tilgivelse og nåde, mangler vi ofte evne eller vilje til at favne vores brødres fejl og mangler. I stedet udvikler vi indbyrdes rivaliseren, skaber fjender, øver modstand og provokerer hinanden.

Gud fortæller os at: *"Enhver, som hader sin broder, er en morder, og I ved, at ingen morder har evigt liv i sig"* (Første Johannesbrev 3:15). *"Sådan vil også min himmelske fader gøre med hver eneste af jer, der ikke af hjertet tilgiver sin broder"* (Matthæusevangeliet 18:35) og vi opfordres på følgende måde: *"Vær ikke vrantne mod hinanden, brødre, for at I ikke skal blive dømt; dommeren står allerede ved døren"* (Jakobsbrevet 5:9).

Vi må indse, at hvis vi ikke har elsket, men i stedet hadet vores brødre, så har vi syndet og vil ikke blive fyldt med Helligånden. Derfor bør vi ikke hade eller skuffe vores brødre, selv om de måske hader og skuffer os, men i stedet væbne vores hjerter med sandheden, og forstå og tilgive andre mennesker. Vores hjerter bør være i stand til at foretage kærlige bønner for alle vore brødre og søstre. Når vi forstår, tilgiver og elsker hinanden med hjælp fra Helligånden, vil Gud også vise os sin medfølelse og nåde, og manifestere helbredende gerninger.

3) Man bør angre, hvis man har bedt med grådighed

Da Jesus helbredte en dreng, der var besat af en ond ånd, spurgte hans disciple ham: *"Hvorfor kunne vi ikke drive den ud?"* (Markusevangeliet 9:28), og Jesus svarede: *"Den slags kan kun drives ud ved bøn"* (Markusevangeliet 9:29).

For at blive helbredt, må der i en vis udstrækning også udøves bøn og bønfaldelse. Men bønner i egen interesse vil ikke blive besvaret, for Gud glæder sig ikke over dem. Gud har befalet os: *"Enten I spiser eller drikker, eller hvad I end gør, skal I gøre alt til Guds ære"* (Første Korintherbrev 10:31). Formålet med vores studier og forsøg på at opnå berømmelse eller magt må alt sammen være til Guds ære. Vi ser i Jakobsbrevet 4:2-3: *"I begærer brændende, men opnår intet; I myrder og misunder, men kan intet udrette; I strides og kæmper, men opnår intet, fordi I ikke beder, eller I beder og får alligevel intet, fordi I beder dårligt, kun for at ødsle det bort i jeres lyster."*

At bede om helbredelse for at føre et sundt liv er at ære Gud; man vil få svar, når man beder om dette. Men hvis man ikke bliver helbredt, selv om man beder om det, så er det måske fordi, man søger noget, der ikke er i overensstemmelse med sandheden, for Gud ønsker at give dig de bedste gaver igen og igen.

Hvilken form for bøn vil fryde Gud? Jesus fortæller os i Matthæusevangeliet 6:33: *"Men søg først Guds rige og hans retfærdighed, så skal alt det andet gives jer i tilgift."* I stedet for at bekymre os om mad, tøj og lignende bør vi først og fremmest behage Gud ved at bede for hans rige og retfærdighed, og for forkyndelse og helliggørelse. Først da vil Gud besvare vores hjertes ønsker, og helbrede vores sygdomme fuldstændigt.

4) Man må angre, hvis man har bedt i tvivl

Gud behages af bønner, der viser personens tro. Desangående ser vi i Hebræerbrevet 11:6: *"Men uden tro er det umuligt at behage ham; for dem, som kommer til Gud, må tro, at han er til og lønner dem, som søger ham."* På samme måde bliver vi i

Jakobsbrevet 1:6-7 mindet om følgende: *"Men han skal bede i tro, uden at tvivle; for den, der tvivler, er som en bølge på havet, der rejses og brydes af vinden. Det menneske skal ikke bilde sig ind, at det får noget af Herren."*

Bønner, som siges med tvivl, viser mistillid til den almægtige Gud, skæmmer hans magt og gør ham til en inkompetent Gud. Man bør straks angre, gøre som forfædrene i troen og bede flittigt og ufravigeligt for at opnå tro, hvormed man kan have tillid af hjertet.

Vi ser mange gange i Bibelen, at Jesus elsker dem, som har stor tro, vælger dem som hjælpere og udfører sit virke ved hjælp af dem. Når folk var ude af stand til at udvise tro, blev de bebrejdet dette, også selv om de var disciple (Matthæusevangeliet 8:23-27), mens de, som havde stor tro, blev rost og elsket for det, selv om de var ikke-jøder (Matthæusevangeliet 8:10).

Hvordan beder du, og hvilken form for tro har du?

I Matthæusevangeliet 8:5-13 kan man læse om en officer, som kom hen til Jesus og bad ham helbrede hans tjener, som lå lammet derhjemme og led forfærdeligt. Da Jesus sagde til officeren: *"Jeg vil komme og helbrede ham"* (v. 7), svarede denne: *"Herre, jeg er for ringe til, at du går ind under mit tag. Men sig blot et ord, så vil min tjener blive helbredt"* (v. 8), og dermed viste han Jesus sin store tro. Da Jesus hørte dette, glædede han sig og roste ham: *"Så stor en tro har jeg ikke fundet hos nogen i Israel"* (v. 10). Officerens tjener blev helbredt i samme time.

I Markusevangeliet 5:21-43 er der en beskrivelse af endnu en forbløffende, helbredende gerning. Da Jesus var ved havet, var der en af synagogeforstander ved navn Jairus, som kom hen til ham, faldt på knæ ved hans fødder og bønfaldt ham: *"Min lille datter ligger for døden. Ville du blot komme og lægge hænderne på hende, så hun kan blive frelst og leve"* (v. 23).

Mens Jesus gik med Jairus, var der en kvinde, der havde lidt af blødninger i tolv år, som kom hen til ham. Hun var blevet behandlet af mange læger, og havde brugt alt, hvad hun havde, men i stedet for at have fået det bedre, havde hun fået det værre.

Kvinden havde hørt om Jesus, og midt i den folkemængde, som fulgte Jesus, gik hun hen til ham bagfra og rørte ved hans kappe. For hun tænkte: *"Bare jeg rører ved hans tøj, bliver jeg frelst"* (v. 28). Da kvinden rørte ved kappen, udtørredes kilden til hendes blødninger, og hun mærkede, at hendes lidelse var blevet helbredt. Jesus mærkede på sig selv den kraft, der udgik fra ham, så han vendte sig straks om mod folkemængden og sagde: *"Hvem rørte ved mit tøj?"* (v. 30) Da kvinden gik til bekendelse, sagde Jesus til hende: *"Datter, din tro har frelst dig. Gå bort med fred, og vær helbredt for din lidelse!"* (v. 34) Han gav kvinden frelse og en helbredende velsignelse.

I det samme kom der nogle mennesker fra Jairus' hus og sagde: *"Din datter er død"*, (v. 35) men Jesus forsikrede Jairus med ordene: *"Frygt ikke, tro kun"*, (v. 36) og han fortsatte til Jairus' hus. Der sagde Jesus til folkene: *"Barnet er ikke død, hun sover"* (v. 39), og til pigen sagde han: *"Talitha koum!" (Hvilket betyder: lille pige, jeg siger dig, rejs dig op")* (v. 41). Pigen stod straks op og gik omkring.

Hav tillid til, at når du beder med tro, kan selv alvorlige

sygdomme blive helbredt, og de døde kan genoplives. Hvis man indtil nu har bedt med tvivl, kan man blive helbredt og få styrke ved at angre denne synd.

5) Man må angre, hvis man har været ulydig overfor Guds befalinger

I Johannesevangeliet 14:21 fortæller Jesus os: *"Den, der har mine bud og holder dem, han er den, der elsker mig; og den, der elsker mig, skal elskes af min fader, også jeg skal elske ham og give mig til kende for ham."* I Frste Johannesbrev 3:21-22 mindes vi også om følgende: *"Mine kære, hvis vores hjerte ikke fordømmer os, har vi frimodighed over for Gud, og hvad vi end beder om, får vi af ham, fordi vi holder hans bud og gør det, som behager ham."* En synder har ikke frimodighed overfor Gud. Men hvis vores hjerter er ærlige og pletfri, når de måles med sandhedens ord, kan vi frit bede Gud om hvad som helst.

Som troende på Gud må man derfor læse og forstå de ti bud, som er et resumé af Bibelens 66 bøger, og så vil man opdage, hvor mange gange i sit liv, man har været ulydig.

I. Har jeg nogensinde haft andre guder i mit hjerte end Gud?

II. Har jeg nogensinde tilbedt mine ejendele, mine børn, mit helbred, min forretning eller lignende?

III. Har jeg nogensinde brugt Guds navn til løgn?

IV. Har jeg altid holdt sabbatsdagen hellig?

V. Har jeg altid æret mine forældre?

VI. Har jeg nogensinde begået fysisk mord eller spirituelt mord ved at hade mine brødre og søstre eller være årsag til, at de har syndet?

VII. Har jeg nogensinde begået utroskab, også i mit hjerte?

VIII. Har jeg nogensinde stjålet?

IX. Har jeg nogensinde vidnet falsk mod min næste?

X. Har jeg nogensinde begæret min næstes ejendele?

Man må desuden ransage sig selv og undersøge, om man har overholdt Guds bud ved at elske sin næste som sig selv. Når man adlyder Guds bud og beder ham, så vil hans kraft helbrede enhver sygdom.

6) Man bør angre, at man ikke har sået i Gud

Gud kontrollerer alt i universet. Han har etableret et lovsæt for det spirituelle rige og han leder og håndterer alt i overensstemmelse med det som en retfærdig dommer.

I Daniels Bog 6 blev kong Dareios sat i en vanskelig situation, da han ikke kunne redde sin elskede tjener Daniel fra løverne, selv om han var konge. Han havde udstedt et dekret, og kunne ikke komme uden om den lov, han selv havde etableret. Hvis kongen havde været den første til at bryde reglen og være ulydig overfor loven, hvem ville så kunne følge og tjene ham? Så selv om hans elskede tjener Daniel blev smidt i løvekulen på grund af onde menneskers udtænkte planer, var er ikke noget, Dareios kunne gøre.

Ligeledes kan Gud ikke bryde reglerne og være ulydig overfor de love, han selv har skabt, for alt i universet fungerer i en præcis orden under hans herredømme. Som der står: *"Far ikke vild! Gud lader sig ikke spotte. Hvad et menneske sår, skal det også høste"* (Galaterbrevet 6:7).

I samme udstrækning som man sår med bønner, vil man få svar og vokse spirituelt, ens indre vil blive styrket og ånden fornyet. Hvis man har været syg eller haft lidelser, men nu sår sin tid i sin kærlighed til Gud ved flittigt at deltage i gudstjenester, vil man modtage sundhedens velsignelse, og man vil utvivlsomt føle, hvordan kroppen ændrer sig. Hvis man sår sin velstand i Gud, vil han beskytte mod prøvelse, og desuden give endnu større velstand som velsignelse.

Når man forstår, hvor vigtigt det er at så i Gud, vil man skille sig af med håbet til denne verden, som er i forfald, og i stedet begynde at samle belønninger sammen i himlen med sand tro, og den almægtige Gud vil vise vejen til et sundt liv.

Gennem Guds ord har vi nu undersøgt, hvad der kan blive en

mur mellem Gud og mennesket, og hvorfor vi har levet i sygdommens lidelse. Hvis man ikke tidligere har troet på Gud, og har lidt af lidelser, bør man tage imod Jesus som sin Frelser og begynde et liv i Kristus. Man bør ikke frygte dem, som kan slå kødet ihjel. I stedet bør man frygte den, som kan fordømme kødet og ånden til helvede. Man bør desuden vogte sin tro på Guds frelse til trods for forfølgelse fra ens forældre, søskende, ægtefælle, svigerforældre og andre. Når Gud anerkender ens tro, vil han udføre sin gerning, og man vil modtage helbredelsens nåde.

Hvis man er troende, men lider af sygdomme, bør man ransage sig selv og se efter, om man har nogle rester af ondskab såsom had, jalousi, misundelse, uretfærdighed, urenhed, grådighed, skumle motiver, mord, strid, sladder, bagtalelse, stolthed og lignende. Ved at bede til Gud og få tilgivelse i hans medlidenhed og nåde, kan man også få svar på sygdommens problem.

Mange mennesker forsøger at handle med Gud. De siger, at hvis Gud helbreder deres sygdom og lidelse først, så vil de derefter tro på Jesus og følge ham. Men da Gud kender hver enkelts hjerte, renser han først folk i spirituel helseende, og derefter helbreder han deres fysiske sygdomme.

Må du forstå, at menneskelig tænkning og Guds tænkning er forskellige, og at man frem for alt bør adlyde Guds vilje, så ånden får det godt og man velsignes med helbredelse for alle sygdomme. Det beder jeg om i vor Herres navn!

Kapitel 3

Gud Helbrederen

”Hvis du er lydig mod Herren din Gud og gør,
hvad der er ret i hans øjne,
lytter til hans befalinger og holder alle hans love,
så vil jeg ikke påføre dig nogen af de sygdomme,
som jeg har påført egypterne,
for jeg er Herren, der læger dig.”

Anden Mosebog 15:26

1. Hvorfor bliver mennesket sygt?

Selv om Gud Helbrederen ønsker, at alle hans børn skal leve sunde liv, så lider mange af dem under sygdommens smerter, og er ude af stand til at løse sygdommens problem. Ligesom der er en årsag til ethvert resultat, er der også en årsag til enhver sygdom. For enhver sygdom kan hurtigt helbredes, når først årsagen er fastsat, og alle dem, som ønsker at blive helbredt, må dermed først indse årsagen til deres sygdomme. Med udgangspunkt i Guds ord fra Anden Mosebog 15:26, skal vi se nærmere på årsagerne til sygdom og på de måder, hvormed vi kan blive sat fri for sygdom og leve sunde liv.

"Herren" er det navn, der betegner Gud, og det står for "Jeg er den, jeg er!" (Anden Mosebog 3:14). Navnet indikerer også, at alle andre væsener er underlagt den ophøjede Guds autoritet. Vi ser af den måde, hvorpå Gud henviser til sig selv som "Herren, der læger dig" (Anden Mosebog 15:26), at Guds kærlighed befrier os fra sygdommens lidelse, og Guds kraft helbreder lidelsen.

I Anden Mosebog 15:26 lover Gud os: *"Hvis du er lydig mod Herren din Gud og gør, hvor der er ret i hans øjne, lytter til hans befalinger og holder alle hans love, så vil jeg ikke påføre dig nogen af de sygdomme, som jeg har påført egypterne, for jeg er Herren, der læger dig."* Så hvis man er blevet syg, er dette bevis på, at man ikke har været lydig, ikke har gjort det rette i hans øjne og ikke har overholdt hans love.

Guds børn er borgere i himlen, og de må adlyde himmerigets lov. Men hvis himlens borgere ikke adlyder lovene, kan Gud ikke beskytte dem, for synd er lovløshed (Første Johannesbrev 3:4). Så vil sygdommens kraft komme over dem, og efterlade de ulydige Guds børn i sygdommens lidelse.

Lad os nu undersøge i detaljer, hvordan vi kan blive syge, hvad sygdommens årsag er, og hvordan Gud Helbrederens kraft kan kurerer dem, som lider under sygdomme.

2. Et tilfælde, hvor en person bliver syg som resultat af sin synd

Gennem hele Bibelen fortæller Gud os igen og igen, at årsagen til sygdom er synd. I Johannesevangeliet 5:14 står der: *"Senere mødte Jesus ham [En mand, han tidligere havde helbredt] på tempelpladsen og sagde til ham: 'Nu er du blevet rask; synd ikke mere, for at der ikke skal ske dig noget værre.'"* Dette vers fortæller os, at manden ville bive syg med en endnu mere alvorlig sygdom, end han tidligere havde haft, hvis han syndede yderligere. Det betyder med andre ord, at folk bliver syge, når de synder.

I Femte Mosebog 7:12-15 lover Gud os følgende: *"Når I hører disse retsregler og omhyggeligt følger dem, vil Herren din Gud bevare din pagt og troskab, han tilsvor dine fædre. Han vil elske dig og velsigne dig og gøre dig talrig; han vil velsigne frugten af dit moderliv og frugten af din jord, dit korn, din vin og din olie, dine oksers afkom og dine fårs tillæg på den jord, han lovede dine fædre at give dig. Du bliver velsignet frem for alle andre folk; der skal ikke findes nogen ufrugtbar mand eller kvinde hos dig, og noget ufrugtbart dyr. Herren vil tage enhver sygdom bort fra dig, og ingen af Egyptens svære sygdomme, som du nu kender, skal han påføre dig; men han skal lade alle dine fjender få dem."* Fjendtlige mennesker er onde og synder, og de vil derfor blive syge.

I Femte Mosebog 28, der almindeligvis kendes som "velsignelsernes kapitel", fortæller Gud os om de velsignelser, vi vil modtage, når vi fuldt ud adlyder ham og omhyggeligt følger alle hans bud. Han fortæller os også om de forbandelser, der vil komme over os, hvis vi ikke er omhyggelige med at følge hans bud og befalinger.

Der nævnes i detaljer de sygdomme, vi vil blive udsat for, hvis vi er ulydige overfor Gud. Der er tale om pest, svindsot, feber, feberglød og feberhede med tørke, kornbrand og rust; "Egyptens udslæt og bylder, skab og fnat, som du ikke kan blive helbredt for"; sindssyge, blindhed og vanvid; Herren vil ramme dig på knæene og lårene, ja, fra isse til fod med ondartede bylder, som du ikke kan helbredes for (Femte Mosebog 28:21-35).

Hvis man bliver syg, efter at man har forstået, at årsagen til sygdom er synd, må man først angre, at man ikke har levet ved Guds ord, og derefter få tilgivelse. Og når man bliver helbredt ved at leve i overensstemmelse med ordet, må man aldrig synde mere.

3. Et tilfælde, hvor en person bliver syg, selv om han tror, at han ikke har syndet

Nogle mennesker siger, at de er blevet syge, selv om de ikke har syndet. Men Guds ord fortæller os, at hvis vi gør det rette i Guds øjne, og hvis vi er opmærksomme på hans bud og overholder alle hans befalinger, så vil han ikke påføre os nogen form for sygdom. Hvis vi er blevet syge, må vi anerkende, at vi på et eller andet tidspunkt har gjort noget, som ikke var korrekt i Guds øjne og ikke har overholdt hans påbud.

Så hvad er det for en form for synd, der er årsag til sygdom?

Hvis man har brugt den sunde krop, som man har fået af Gud, med manglende selvkontrol eller på umoralsk måde, været ulydig overfor hans bud, begået fejl eller har ført et desorganiseret liv, så har man større risiko for at blive syg. Til denne kategori af sygdom hører også fordøjelsesforstyrrelser, der skyldes overspisning eller et uregelmæssigt spisemønster; leversygdomme, der skyldes vedvarende rygning og drikning, og mange andre sygdomme, som kommer af overbelastning af kroppen.

Dette er muligvis ikke forkert fra et menneskeligt synspunkt, men i Guds øjne er det en synd. Overspisning er en synd, fordi det viser personens grådighed og manglende evne til at udøve selvkontrol. Hvis en person er blevet syg på grund af et uregelmæssigt spisemønster, er hans synd ikke at have ført et liv baseret på rutiner, men i stedet at have misbrugt kroppen uden selvkontrol. Hvis man er blevet syg efter at have spist mad, som endnu ikke var helt klar, er synden manglende tålmodighed, dvs ikke at have handlet i overensstemmelse med sandheden.

Hvis en person bruger en kniv uden forsigtighed og skærer sig, og såret bliver inficeret, så er det også et resultat af hans synd. Havde denne person i sandhed elsket Gud, ville Gud have beskyttet vedkommende fra uheld. Og selv om han begik en fejl, ville Gud have fundet en løsning, for han arbejder til gavn for de mennesker, som elsker ham, og disse menneskers kroppe bliver ikke såret. Sår og skader kommer af, at man arbejder i hast og uden omhu, og begge disse ting er forkerte i Guds øjne, hvilket betyder at handlingen er syndig.

Den samme regel gælder for at ryge og drikke. Hvis man er opmærksom på, at rygning sløver sindet, skader bronkierne og fremkalder kræft, men stadig ikke holder op med at ryge, eller hvis man ved, at alkohol skader indvoldene og svækker organerne, men stadig ikke er i stand til at holde op med at drikke, så er der tale om syndige gerninger. Disse handlinger viser grådighed og manglende evne til selvkontrol, manglende omsorg overfor kroppen og ulydighed overfor Guds vilje. Hvordan kan disse handlinger undgå at være syndige?

Selv om man måske ikke har være overbevist om, at alle sygdomme er resultater af synd, så er vi nu kommet til sikkerhed efter at have undersøgt mange forskellige tilfælde og vurderet dem i forhold til Guds ord. Vi bør altid adlyde og leve ved ordet, sådan at vi undgår sygdom. Med andre ord vil han beskytte os mod sygdomme til enhver tid, så længe vi gør det rette i hans øjne, er opmærksomme på hans bud og overholder alle hans befalinger.

4. Sygdomme som skyldes neuroser og andre mentale forstyrrelser

Statistikkerne fortæller os, at antallet af mennesker, som lider af neuroser og andre mentale sygdomme, er stigende. Hvis folk er tålmodige, sådan som Guds ord byder os, og hvis de tilgiver, elsker og forstå hinanden i overensstemmelse med sandheden, så vil de let kunne undgå disse sygdomme. Men hvis der stadig er ondskab i deres hjerter, vil dette hindre dem i at leve ved ordet. Den mentale lidelse svækker kroppen og immunsystemet, og fører til sidst til sygdom. Når vi lever efter ordet, vil vores følelser ikke blive bragt i oprør, vi vil ikke have dårligt temperament og vores sind vil ikke blive opildnet.

Der er folk omkring os, som ikke virker onde, men som alligevel lider af denne form for sygdomme. Da de afholder sig fra at udtrykke deres følelser, selv på normal vis, lider de af langt mere alvorlige sygdomme end de personer, som får afløb for deres vrede og raseri. Med sand godhed lider man ikke under konflikter mellem modstridende følelser; i stedet forstår man hinanden med tilgivelse og kærlighed, og har selvkontrol og udholdenhed.

Desuden kan folk begynde at lide af mentale sygdomme på grund af fortvivlelse og mental svækkelse, hvis de bevidst begår synder. De handler ikke med godhed, men falder dybere ned i ondskaben, og den metale lidelse skaber sygdom. Man bør forstå, at neuroser og andre mentale forstyrrelser er selvpåførte, og at de skyldes vores egen tåbelighed og ondskab. Men selv under disse omstændigheder vil kærlighedens Gud helbrede alle dem, som søger ham, og som ønsker at modtage hans helbredelse. Desuden vil han give dem håb om himlen og lade dem hvile i sand lykke og velbehag.

5. Sygdomme fra djævlen, vores fjende, skyldes også synd

Nogle mennesker er blevet besat af Satan og lider af alle de sygdomme, som den fjendtlige djævel kaster over dem. Dette skyldes, at de har forsaget Guds vilje og er gået bort fra sandheden. I familier, som tilbeder falske guder, er der mange mennesker, som er syge, fysisk handicappede eller dæmonbesatte. Årsagen til dette er, at Gud hader denne falske tilbedelse.

I Anden Mosebog 20:5-6 ser vi følgende: *"Du må ikke tilbede dem og dyrke dem, for jeg, Herren din Gud, er en lidenskabelig Gud. Jeg straffer fædres skyld på børn, børnebørn og oldebørn af dem, der hader mig: men dem, der elsker mig og holder mine befalinger, vil jeg vise godhed i tusind slægtsled."* Han har givet os en særlig befaling, som forbyder os at tilbede falske guder. I de ti bud, han har givet os, ser vi i de første to: *"Du må ikke have andre guder end mig"* (vers 3) og *"Du må ikke lave dig noget gudebillede i form af noget som helst oppe i himlen eller nede på jorden eller i vandet under jorden"* (vers 4). Vi kan dermed tydeligt se, i hvor høj grad Gud afskyr tilbedelse af falske guder.

Hvis forældre er ulydige overfor Guds vilje og tilbeder falske guder, vil deres børn naturligt følge samme vej. Hvis forældre er ulydige overfor Guds ord og gør det onde, vil deres børn naturligt følge dem og gøre det onde. Når ulydighedens synd når tredje og fjerde generation, vil efterkommerne lide af sygdomme, som den fjendtlige djævel påfører dem som syndens løn.

Men selv om forældrene har tilbedt falske guder, vil Gud vise sin kærlighed og nåde overfor børnene og velsigne dem, hvis de af hjertets godhed tilbeder Gud. Selv om mange mennesker for øjeblikket lider af de sygdomme, som den fjendtlige djævel har påført dem, efter at de har forsaget Guds vilje og er kommet på afveje i forhold til sandheden, vil Gud Helbrederen rense dem, hvis de angrer og går bort fra syndens vej. Nogle vil han rense øjeblikkeligt; andre helbreder han lidt senere; og endnu andre helbreder han alt efter væksten i deres tro. Den helbredende gerning vil finde sted i overensstemmelse med Guds vilje: Hvis folk i hans øjne har uforanderlige hjerter, vil de blive helbredt med det samme; men hvis deres hjerter er udspekulerede, vil de blive helbredt på et senere tidspunkt.

6. Vi vil blive fri for sygdom, når vi lever i troen

Moses var mere sagtmodig end noget andet menneske på jorden (Fjerde Mosebog 12:3) og han var betroet i hele Guds hus, så han var en pålidelig tjener for Gud (Fjerde Mosebog 12:7). Bibelen fortæller også, at Moses døde i en alder af 120 år, og at hans øjne ikke var blevet svage, ej heller var hans livskraft forsvundet (Femte Mosebog 34:7). Abraham var et menneske, som var lydig i troen og gudfrygtig. Han levede i 175 år (Første Mosebog 25:7). Daniel var sund og rask, selv om han kun spiste grøntsager (Daniels Bog 1:12-16), og Johannes Døberen var robust, selv om han kun spiste græshopper og vildhonning (Matthæusevangeliet 3:4).

Man kan undre sig over, hvordan folk kunne holde sig sunde uden at spise kød. Men da Gud først skabte mennesket, bød han det udelukkende at spise frugt. I Første Mosebog 2:16-17 siger Gud til mennesket: *"Du må spise af alle træerne i haven. Men træet til kundskab om godt og ondt må du ikke spise af, for den dag du spiser af det, skal du dø!"* Efter Adams ulydighed lod Gud ham spise markens planter (Første Mosebog 3:18), og da synden fortsat trivedes i denne verden, fortalte Gud Noa følgende efter syndefloden i Første Mosebog 9:3: *"Alt, hvad der rører sig og lever, skal I have til føde. Jeg giver jer det alt sammen, ligesom jeg gav jer de grønne planter."* Da mennesket gradvist blev mere ondt, tillod Gud det at spise kød. Dog er det ikke tillad at spise nogen former for "afskyelig" mad (Tredje Mosebog 11; Femte Mosebog 14).

I nytestamentlig tid har Gud fortalt os i Apostlenes Gerninger 15:29: *"I skal holde jer fra kød, der ofres til afguder, og fra blod og fra kød af kvalte dyr og fra utugt. Ved at holde jer fri fra det handler I ret."* Han lader os spise mad, der er gavnlig for vores helbred, og råder os til at afholde os fra mad, der er skadelig for os. Og det vil være endnu mere gavnligt for os slet ikke at spise og drikke den føde, som ikke behager Gud. I den udstrækning vi følger Guds vilje og lever i troen, vil vores kroppe blive stærkere, sygdommene vil forlade os, og ingen form for lidelse vil invadere os.

Desuden vil vi slet ikke blive syge, når vi leve i retfærdighed med tro, for Jesus Kristus kom til denne verden for to tusind år siden, og tog alle vores tunge byrder. Vi tror på, at Jesus har forløst os fra vores synder ved at udgyde sit blod, og at han har taget vores lidelser og båret vores sygdomme (Matthæusevangeliet 8:17), og vi vil blive helbredt i overensstemmelse med denne tro (Esajas' Bog 53:5-6; Første Petersbrev 2:24).

Før vi mødte Gud havde vi ikke nogen tro. Vi levede i søgen efter at opfylde lysterne fra vores syndefulde natur, og led af en lang række sygdomme som resultat af vores synd. Når vi lever i troen og gør alt i retfærdighed, vil vi blive velsignet med fysisk helbred.

Når sindet er sundt, vil kroppen blive sund. Dvæler vi i retfærdigheden og handler i overensstemmelse med Guds ord, vil vores kroppe blive fyldt med Helligånden. Sygdommene vil forlade os og vores kroppe vil få fysisk sundhed, så ingen sygdom kan komme over os. For kroppen vil være i fred, føles let, glad og sund, og vi vil ikke mangle noget, men kun være taknemmelige for, at Gud har givet os et godt helbred.

Må du handle i retfærdighed og tro, sådan at ånden trives, og du vil blive helbredt for alle sygdomme og lidelser, og blive sund og rask! Må du også modtage Guds overvældende kærlighed, mens du adlyder og lever ved hans ord – alt dette beder jeg om i vor Herres navn!

Kapitel 4

Ved hans sår blev vi helbredt

"Men det var vore sygdomme,
han tog, det var vore lidelser, han bar;
og vi regnede ham for en, der var ramt, slået og plaget af Gud.
Men han blev gennemboret af vore overtrædelser
og knust for vore synder.
Han blev straffet, for at vi kunne få fred,
ved hans sår blev vi helbredt."

Esajas' Bog 53:4-5

1. Jesus helbreder alle sygdomme som Guds søn

Folk styrer selv deres egne veje i tilværelsen, og de møder mange forskellige problemer. Ligesom havet til tider er oprørt, kan der være mange problemer på livets hav. De opstår i hjemmet, på arbejdet, ved sygdom, i forhold til økonomi og lignende. Men det vil nok ikke være overdrevet at sige, at blandt livets problemer er sygdom det væsentligste.

Uanset hvor stor velstand og viden et individ har, vil alt, hvad han har arbejdet for hele livet, forsvinde som en boble, der springer, hvis han bliver ramt af en kritisk sygdom. Vi ser, at menneskets ønske om et godt helbred stiger i takt med den materialistiske civilisations fremskridt og den stigende velstand. Men uanset hvor langt videnskaben og medicinen er kommet i deres udvikling, bliver der konstant opdaget nye fremmede sygdomme, som den menneskelige viden er nytteløs overfor, og antallet af mennesker, som lider, stiger stødt. Det er muligvis derfor, at der lægges endnu højere vægt på sundhed nu om stunder.

Lidelse, sygdom og død, som alle udspringer af synd, er indbegrebet af menneskets begrænsninger. Gud Helbrederen præsenterer os i dag for en måde, hvorpå de mennesker, som tror på ham, kan blive helbredt for alle deres sygdomme ved at tro på Jesus Kristus. Lad os undersøge Bibelen og se, hvorfor vi kan få svar på sygdommens problem og føre sunde liv ved vores tro på Jesus Kristus.

Da Jesus spurgte sine disciple: "Hvem siger I, jeg er?",

svarede Simon Peter: "Du er Kristus, den levende Guds søn" (Matthæusevangeliet 16:15-16). Dette svar lyder relativt simpelt, men gør det samtidig klart, at kun Jesus er Kristus.

På dette tidspunkt var der en stor menneskemængde, som fulgte Jesus, fordi han øjeblikkeligt helbredte folk, som var syge. Der var tale om dæmonbesatte, epileptikere, lammede og andre, som led af forskelligartede sygdomme. Da de spedalske, folk med feber, krøblinger, blinde og mange andre blev helbredt gennem en berøring af Jesus, begyndte mange mennesker at følge og tjene ham. Hvor må det have være vidunderligt at se dette! Folk troede på Jesus og tog imod ham, når de så disse mirakler og undere. De fik svar på problemerne i deres liv, og de syge oplevede den helbredende gerning. Desuden kan enhver, som komme til Jesus i dag, opleve helbredelse ligesom de mennesker, der levede på Jesu tid.

En mand, som stort set var krøbling, deltog i en nattelang fredagsgudstjeneste kort tid efter, at jeg havde grundlagt min kirke. Manden havde været ude for en bilulykke, og havde modtaget terapi i lang tid i et hospital. Men da senerne i hans knæ var blevet forlænget, var han ikke i stand til at bøje benene, og han kunne ikke bevæge læggen, så det var umuligt for ham at gå. Han lyttede til ordet, som blev prædiket, og længtes efter at tage imod Jesus Kristus og blive helbredt. Da jeg bad oprigtigt for manden, rejste han sig øjeblikkeligt og begyndte at gå og løbe. Dette var en manifestation af Guds mirakuløse gerning, ligesom dengang en lam mand nær den tempelport, der kaldes Den Skønne, sprang op og begyndte at gå ved Peters bøn (Apostlenes

Gerninger 3:1-10).

Dette viser, at enhver, som tror på Jesus Kristus og får tilgivelse i hans navn, kan blive fuldstændig helbredt for alle sygdomme, også selv om de ikke kan helbredes ved hjælp af lægevidenskab, for kroppen bliver fornyet og genoprettet. Gud, som er den samme i går og i dag og til evig tid (Hebræerbrevet 13:8) arbejder i folk, som tror på hans ord og søger ham i overensstemmelse med målet af deres tro, og han helbreder adskillige sygdomme, åbner den blindes øjne og får krøblingen til at rejse sig.

Enhver, som har taget imod Jesus Kristus, er blevet tilgivet for alle synder og er blevet et barn af Gud, som nu kan leve i frihed.

Lad os nu undersøge i detaljer, hvorfor enhver af os kan leve et sundt liv, når vi begynder at tro på Jesus Kristus.

2. Jesus blev såret og udgød sit blod

Før sin korsfæstelse blev Jesus sået af en romersk soldat og udgød sit blod hos Pontius Pilatus. De romerske soldater havde på den tid et robust helbred, og var ekstremt stærke og veltrænede. De var trods alt soldater for et imperium, som herskede over verden på den tid. Den uudholdelige smerte, som Jesus led under, da disse soldater tog tøjet af ham og piskede ham, kan ikke beskrives udførligt med ord. Ved hvert slag snoede pisken sig rundt om Jesu krop, og flåede hans kød, så blodet dryppede.

Hvorfor måtte Jesus, Guds søn, som er uden synd, skyld eller fejl, piskes så voldsomt og bløde for os syndere? Den dybe spirituelle betydning og Guds forbløffende forsyn ligger indlejret i denne begivenhed.

I Første Petersbrev 2:24 ser vi, at vi er blevet helbredt ved Jesu sår. I Esajas' Bog 53:5 læser vi det samme. For omkring to tusind år siden blev Jesus, Guds søn, såret for at forløse os fra sygdommens smerte, og han udgør sit blod for den synd, vi har begået ved ikke at leve ved Guds ord. Når vi tror på Jesus, som blev såret og blødte, er vi allerede blevet sat fri for sygdomme. Dette er et bevis på Guds forbløffende kærlighed og visdom.

Hvis du er et barn af Gud, og lider af en sygdom, bør du derfor angre dine synder og tro, at du allerede er blevet helbredt. For *"Tro er fast tillid til det, der håbes på, overbevisning om det, der ikke ses"* (Hebræerbrevet 11:1), så selv om man har smerter i de berørte kropsdele, vil man med sikkerhed blive helbredt hurtigt, hvis man har tro til at sige: "Jeg er allerede blevet helbredt."

Under min skoletid havde jeg fået skadet et af mine ribben, og dette gav mig til tider smerter, der var så ubærlige, at jeg havde svært ved at trække vejret. Et til to år efter, at jeg havde taget imod Jesus Kristus, kom smerten igen, når jeg forsøgte at løfte tunge ting, og jeg var ude af stand til at fortsætte. Men da jeg havde oplevet og troede på den almægtige Guds kraft, bad jeg oprigtigt: "Jeg tror på, at smerten vil være forsvundet, når jeg begynder at bevæge mig efter denne bøn, og jeg vil være i stand til at gå." Da jeg satte min lid til den almægtige Gud, og udslettede enhver tanke om smerte, kunne jeg stå og gå. Det var som om, smerten kun havde eksisteret i min fantasi.

Som Jesus fortæller os i Markusevangeliet 11:24: *"Derfor siger jeg jer: Alt, hvad I beder og bønfalder om, det skal I tro, at I har fået, og så får I det."* Hvis vi tror, at vi allerede er blevet helbredt, vil vi med sikkerhed få denne helbredelse i overensstemmelse med vores tro. Men hvis vi tænker, at vi ikke er blevet helbredt, fordi vi stadig har smerter, vil sygdommen ikke forsvinde. Med andre ord er det først, når vi bryder med vores sædvanlige tankemønstrer, at alt vil blive gjort i overensstemmelse med vores tro.

Det er derfor, Gud fortæller os, at det syndefulde sind er fjendtligt overfor Gud (Romerbrevet 8:7), og tilskynder os til at gøre enhver tanke til en lydig fange hos Gud (Andet Korintherbrev 10:5). Vi ser desuden i Matthæusevangeliet 8:17, at Jesus tog vore lidelser og bar vore sygdomme. Hvis man tænker: "Jeg er svag", så vil man fortsætte med at være svag. Men uanset hvor vanskeligt og udmattende ens liv end måtte være, så vil problemerne forsvinde og man vil blive stærk og robust, når man med læberne bekender: "Jeg har Guds kraft og nåde i mig, og Helligånden beskytter mig, så jeg er ikke udmattet."

Hvis vi med sikkerhed tror på Jesus Kristus, som tog vore lidelser og bar vores sygdomme, så må vi huske på, at der ikke er nogen grund til, at vi skal lide under sygdom.

3. Da Jesus så deres tro

Nu hvor vi er blevet helbredt for vores sygdomme ved Jesu sår, er det, vi har brug for, tro til at stole på dette. I dag er der mange mennesker, som ikke har troet på Jesus Kristus, der alligevel kommer til ham med deres sygdomme. Nogle mennesker bliver helbredt kort tid efter, de tager imod Jesus Kristus, men andre ikke viser nogen fremskridt selv efter flere måneder med bøn. Den sidste gruppe må reflekterer nærmere og undersøge deres tro.

Med udgangspunkt i den redegørelse, der ses i Markusevangeliet 2:1-12 vil vi nu undersøge, hvordan en lammet mand og hans fire venner viste deres tro, tvang Herrens helbredende hånd til at frigøre den lamme for sygdom, og ærede Gud.

Da Jesus kom til Kapernaum, spredte nyheden om hans ankomst sig hurtigt, og en stor menneskemængde samlede sig. Jesus prædikede Guds ord – sandheden – for dem, og folk var opmærksomme og ønskede ikke at gå glip af et eneste ord. Da kom der fire mænd, som medbragte en lam på en båre. Men på grund af den store menneskemængde var det ikke muligt for dem at bringe den lamme hen til Jesus.

De gav dog ikke op. I stedet gik de op på taget af det hus, hvor Jesus opholdt sig, lavede et hul og sænkede båren med den lamme mand ned. Da Jesus så deres tro, sagde han til den lamme: ”Søn, dine synder tilgives dig... rejs dig, tag din båre og gå hjem”, og den lamme blev helbredt, sådan som han oprigtigt ønskede. Da han tog sin måtte og gik ud for øjnene af alle de forsamlede, blev de forbløffede og ærede Gud.

Den lamme havde lidt af en sygdom, der var så alvorlig, at han havde været ude af stand til at bevæge sig. Da han hørte om Jesus, som havde åbnet den blindes øjne, rejst krøblingen, helbredt den spedalske, uddrevet dæmoner og helbredt mange andre, som led af forskellige sygdomme, ønskede han desperat at møde ham. For han havde et godt hjerte, og han længtes efter at møde Jesus, da han først fandt ud af, hvor han ville være.

Kan man overhovedet forestille sig, hvor glad den lamme må være blevet, da han hørte, at Jesus var kommet til Kapernaum? Han må have opsøgt sine venner, for at de kunne hjælpe ham, og da disse allerede havde tro, må de straks have accepteret den lammes forespørgsel. For vennerne havde også hørt nyheden om Jesus, og de gik derfor med til at bringe den lamme hen til ham for at blive helbredt.

Hvis den lammes venner havde ignoreret hans forespørgsel og drillet ham ved at sige: "Hvordan kan du tro på sådan noget, når du ikke selv har set det?", så ville de ikke have taget sig det besvær at hjælpe deres ven. Men da de også havde tro, kunne de hjælpe hinanden med at bære deres ven på båren, og de gjorde sig endda den ulejlighed at lave et hul i husets tag.

De havde foretaget en vanskelig rejse, og da de så den store menneskemængde, som var forsamlet, og ikke kunne klemme sig igennem for at komme tættere på Jesus, blev de fortvivlede og nedslåede. De må have bedt og tigget om bare et lille hul til at komme igennem mængden. Men på grund af det store antal af mennesker, som havde samlet sig, var det ikke muligt, og de blev desperate. Til sidst besluttede de at gå op på taget af det hus, hvor Jesus opholdt sig, lave et hul og sænke båren med deres ven ned foran Jesus. Den lamme kom tættere på Jesus end nogen af de andre, som havde samlet sig. Gennem denne historie forstår vi, at den lamme og hans venner må have haft en oprigtig længsel efter at møde Jesus.

Vi må være opmærksomme på, at den lamme og hans venner ikke bare gik hen til Jesus. De tog sig alt muligt besvær for at møde ham, selv om de kun havde hørt om ham, og dette fortæller os, at de troede på det, de havde hørt, og på det budskab, han kom med. Desuden viste den lamme og hans venner deres ydmyghed overfor Jesus gennem den måde, hvorpå de overvandt åbenlyse vanskeligheder med stor udholdenhed.

Folk, som så, hvordan den lamme og hans venner gik op på taget og lavede at hul, må enten have hånet dem eller være blevet vrede. Der har sikkert fundet ting sted, som vi ikke engang kan forestille os. Men der var ikke noget eller nogen, som kunne hindre disse fem personer. Da først de havde mødt Jesus, og den lamme var blevet helbredt, ville de let have kunne reparere taget og råde bod på skaden.

Men blandt de mange mennesker, som i dag lider af svære sygdomme, er det vanskeligt af finde en patient eller en familie, som har tro. I stedet for at gå Jesus i møde med pågåenhed, er de hurtige til at sige: "Jeg er frygtelig syg. Jeg ville gerne, men jeg kan ikke komme afsted" eller "Den-og-den i min familie er så svag, at hun ikke kan flyttes." Det er nedslående at se så passive mennesker, der tilsyneladende venter på, at æblet skal løsnes fra træet og falde ned i munden på dem. Disse mennesker mangler med andre ord tro.

Hvis folk bekender deres tro på Gud, må de også have oprigtighed til at vise denne tro. Man kan ikke opleve Guds gerning med en tro, der kun modtages og oplagres som viden. Først når et menneske viser sin tro gennem gerninger, bliver den en levende tro og kan forme troens fundament, hvorpå den gudgivne spirituelle tro kan bygges. Ligesom den lamme modtog Guds helbredende gerning på grundlag af sin tro, må vi også være kloge og vise ham grundlaget for vores tro – troen selv – sådan at også vi må modtage den gudgivne spirituelle tro og opleve hans mirakler.

4. Dine synder tilgives dig

Jesus sagde: "Søn, dine synder tilgives dig", og løste dermed syndens problem for den lamme, som kom til ham ved hjælp af sine venner. Man kan ikke få svar, hvis der er en mur af synd mellem en selv og Gud, så Jesus løste først syndens problem for den lamme, der var kommet til ham på grundlag af troen.

Bibelen fortæller os, hvilken indstilling vi skal have, når vi kommer til Gud, og hvordan vi skal opføre os, når vi i sandhed bekender vores tro. Ved at adlyde befalinger som "Gør", "Gør ikke", "Overhold", "Skil dig af med" og lignende, vil en uretfærdig person forandres til en retfærdig, og en løgner vil blive en sanddruelig og ærlig person. Når vi adlyder sandhedens ord, vil vores synder blive renset ved blodet fra vores Jesus, og når vi får tilgivelse, vil Guds beskyttelse og svar komme til os fra oven.

For alle sygdomme stammer fra synd, og når først syndens problem er løst, er der etableret de rette betingelser for at Guds gerning kan manifesteres. Ligesom der tændes en elektrisk pære, og maskineriet fungerer, når elektriciteten komme ind af den positive pol og går ud gennem den negative pol, vil der blive produceret et mirakel, når Gud ser troens fundament, og han vil give os tilgivelse og tro fra oven.

"Rejs dig, tag din båre og gå hjem" (Markusevangeliet 2:11). Hvor er dette dog en varmende bemærkning! Jesus løste syndens problem for den lamme og hans fire venner, og den lamme begyndte straks at gå. Han blev hel igen efter lang tids længsel. På samme måde må vi huske at få tilgivelse og gøre vores hjerter rene, hvis vi ønsker at få svar – ikke bare på sygdom, men på ethvert andet problem.

Når folk har liden tro, søger de måske løsningen på deres sygdom ved at stole på medicin og læger, men hvis deres tro vokser og de elsker Gud og lever ved hans ord, vil sygdommen slet ikke komme over dem. Og selv om de bliver syge, vil de først ransage sig selv, angre af hjertets grund og gå bort fra den syndefuld vej, og derefter vil de straks modtage helbredelse. Jeg ved, at mange af læserne har haft sådanne oplevelser.

For et stykke tid siden var der en ældre i min kirke, som fik en diskoskollaps og lige pludselig ikke var i stand til at røre sig. Han ransagede straks sit liv, angrede og modtog min bøn. Guds helende gerning fandt sted øjeblikkeligt, og han blev rask igen.

En mor til en lille pige fandt ud af, at hendes opfarenhed var årsag til datterens feber og lidelser, og da hun angrede det, fik barnet det godt igen.

Gud sendte Jesus Kristus til denne verden og lod ham blive forbandet og korsfæstet på et trækors på vores vegne for at frelse menneskeheden, som på grund af Adams ulydighed havde været må vej til ødelæggelsen. Det er derfor, der står i Bibelen, at *"der finder ingen tilgivelse sted, uden at der udgydes blod"*, (Hebræerbrevet 9:22) og *"Forbandet er enhver, der hænger på et træ"* (Galaterbrevet 3:13).

Nu, hvor vi ved, at sygdommens problem stammer fra synd, må vi angre alle vore synder og oprigtigt tro på Jesus Kristus, som forløste os fra alle vore sygdomme. Ved denne tro bør vi leve sunde liv. Mange brødre i troen oplever i dag helbredelse, som vidner om Guds kraft, og bærer vidnesbyrd om den levende Gud. Dette viser os, at enhver, som tager imod Jesus Kristus og beder i hans navn, kan få svar på alle sygdommens problemer. Uanset hvor alvorlig ens sygdom måtte være, vil Guds forbløffende helbredende gerning blive manifesteret, når man tror af hjertets grund på Jesus Kristus, som blev såret og udgør sit blod.

5. Troen fuldkommengøres af gerninger

Ligesom den lamme, der blev helbredt med hjælp af sine fire venner, efter at de havde vist Jesus deres tro, må vi også vise Gud vores tro, som ledsages af handlinger, og dermed etablere troens grundlag, så vi vil få vores hjertes ønske opfyldt. Jeg vil her komme med en kort forklaring for at hjælpe læserne til at få en bedre forståelse af "tro."

Den "tro", som er en del af livet i Kristus, kan opdeles og forklares i to kategorier. "Kødelig tro" eller "tro som viden" henviser til den slags tro, hvormed man kan tro på grund af fysiske beviser så længe ordet stemmer overens med ens egen viden og tanker. Omvendt er "spirituel tro" den form for tro, hvormed man kan tro selv det, som man ikke kan se, og selv om ordet ikke stemmer overens med ens tanker og viden.

Med "kødelig tro" kan man tro, at noget synligt er blevet skabt af noget andet, der også er synligt. Med "spirituel tro" som man ikke kan have på grundlag af egne tanker og viden, tror man på, at noget synligt kan skabes ud af noget andet, som ikke er synligt. Sidstnævnte kræver, at man ødelægger sin viden og sine tanker.

Enhver person har registreret en umådelig mængde viden i hjernen siden sin fødsel. Ting, som vedkommende ser og hører, registreres. Det samme gør ting, han lærer i hjemmet eller i skolen, og ting fra hans omgivelser og forskellige situationer. Men ikke al viden, som registreres, er sand, og hvis der er noget, som står i modstrid til Guds ord, må man naturligvis skille sig af med det. For eksempel lærer man i skolen, at alle levende ting har udviklet sig fra en monade til en flercellet organisme, men i Bibelen lærer man, at alle levende ting blev skabt alt efter deres art af Gud. Så hvad skal man gøre? Evolutionsteoriens fejlagtighed er allerede blevet påvist selv af videnskaben. Hvordan skulle det væres muligt for en abe at udvikle sig til menneske, og for en frø at udvikle sig til en slags fugl, selv over hundredvis af millioner af år? Selv den logiske tænkning favoriserer skabelsesteorien.

Når den "kødelige tro" forvandles til "spirituel tro", forsvinder tvivlen, og man bliver i stand til at stå fast på troens klippe. Desuden må man nu omsætte ordet, som man førhen har oplagret som viden, til praksis, hvis man bekender sin tro på Gud. Man må vise sig som lyset ved at holde Herrens dag hellig, elske sin næste og adlyde det sande ord.

Hvis den lamme i Markusevangeliet 2 var blevet hjemme, ville han ikke være blevet helbredt. Men han troede på, at han ville blive helbredt, når han kom frem for Jesus, og viste sin tro ved at anvende enhver tilgængelig metode til at nå sit mål, så han blev helbredt. Hvis et menneske, som ønsker at bygge et hus, kun beder: "Herre, jeg tror på, at huset vil blive bygget", vil selv hundred eller tusind bønner ikke være tilstrækkelige til, at huset bygger sig selv. Personen må gøre sin del af arbejdet ved at danne fundamentet, grave i jorden, rejse søjlerne og så videre. Der er kort sagt brug for "handling."

Hvis du eller nogen i din familie lider af en sygdom, så tro på at Gud vil tilgive og udføre sin helbredende gerning, når han ser alle i familien forenet i kærlighed, for han vil anse dette for troens grundlag. Nogle siger, at hvis der er en passende tid til enhver ting, så vil der også være en tid til helbredelse. Men husk på, at denne "tid" kommer, når man etablerer troens grundlag for Gud.

Må du få svar på din sygdom og alt andet, du beder om, og ære Gud. Det beder jeg om i vor Herres navn!

Kapitel 5

Kraft til at helbrede sygdomme

"Jesus kaldte sine tolv disciple til sig
og gav dem magt over urene ånder,
så de kunne uddrive dem og helbrede al sygdom og lidelse."

Matthæusevangeliet 10:1

1. Kraft til at helbrede sygdomme og lidelser

Der er mange måder, hvorpå man kan bevise den levende Guds eksistens overfor folk, som ikke tror. Helbredelse af sygdomme er en af disse måder. Når folk lider af uhelbredelige og dødelige sygdomme, som lægevidenskaben står magtesløs overfor, og alligevel bliver helbredt, kan de ikke længere benægte Gud Skaberens kraft, men får tro på denne kraft og ærer ham.

Til trods for deres velstand, autoritet, berømmelse og viden er mange mennesker i dag ude af stand til at løse sygdommens problem, og må dermed leve med dens lidelse. Selv om der er mange sygdomme, som ikke kan helbredes selv med den højt udviklede lægevidenskab, så kan alle uhelbredelige og dødelige sygdomme helbredes, når folk får tro på den almægtige Gud, sætter deres lid til ham og overlader ham sygdommens problem. For vores Gud er den almægtige Gud, og intet er umuligt for ham, som kan skabe noget ud af intet, få en vissen stav til at skyde og få blomster (Fjerde Mosebog 17:23) og genoplive de døde (Johannesevangeliet 11:17-44).

Vores Guds kraft kan bestemt helbrede enhver sygdom og lidelse. I Matthæusevangeliet 4:23 ser vi: *"Jesus gik omkring i hele Galilæa, underviste i deres synagoger, prædikede evangeliet om Riget og helbredte al sygdom og lidelse blandt folket."* Og i Matthæusevangeliet 8:17 læser vi: *"Det skulle opfyldes, som er talt ved profeten Esajas, der siger: Han tog vore lidelser, han bar vore sygdomme."* I disse passager ser vi ordene "sygdomme" og "lidelser."

Disse ord henviser ikke til relativt lette lidelser såsom en forkølelse eller en sygdom, som skyldes udmattelse. Der er derimod tale om unormale omstændigheder, hvor funktionen af ens krop, kropsdele eller organer er blevet lammet eller ødelagt på grund af en ulykke eller en fejltagelse hos personens forældre eller personen selv. For eksempel falder stumhed, døvhed, blindhed, forkrøblethed, børnelammelse (også kendt som polio) og resten – alle de ting, som ikke kan kureres med menneskelig viden – ind under kategorien "lidelser." Der kan også være tale om tilstande, som skyldes en ulykke eller en fejltagelse hos personens forældre eller personen selv, som i tilfældet med den blindfødte mand i Johannesevangeliet 9:1-3. Og der er folk, som har lidelser, for at Guds herlighed kan manifesteres. Men disse tilfælde er sjældne, og de fleste lidelser skyldes menneskets fejl og manglende viden.

Når folk angrer og tager imod Jesus Kristus, mens de søger at tro på Gud, giver han dem Helligånden som gave. Sammen med Helligånden modtager de også retten til at blive Guds børn. Når Helligånden er med dem, vil de fleste sygdomme blive helbredt, undtagen i meget alvorlige tilfælde. Alene det, at de har modtaget Helligånden, lader Helligåndens ild komme over dem og brænde deres sår. Desuden vil selv en person, som lider af en kritisk sygdom, modtage helbredelse i overensstemmelse med sin tro, når han beder oprigtigt, ødelægger syndens mur mellem sig selv og Gud, går bort fra syndens vej og angrer.

"Helligåndens ild" henviser til dåben med ild, som finder sted efter at man modtager Helligånden, og i det er Guds kraft. Da Johannes Døberens spirituelle øjen blev åbnet, så og beskrev han

Helligåndens ild som "dåben med ild." I Matthæusevangeliet 3:11 siger Johannes Døberen: *"Jeg døber jer med vand til omvendelse; men han, som kommer efter mig, er stærkere end jeg, og jeg er ikke værdig til at bære på hans sko. Han skal døbe jer med Helligånden og ild."* Dåben med ild kommer ikke når som helst, men først, når man fyldes med Helligånden. Da Helligåndens ild altid kommer over den, som er fyldt med Helligånden, vil alle hans synder og sygdomme blive brændt, og han vil få et sundt liv.

Når dåben med ild brænder sygdommens forbandelse, blive de fleste sygdomme helbredt; lidelser kan derimod ikke brændes, selv med ilddåben. Hvordan kan lidelserne så helbredes?

Lidelserne kan kun helbredes med gudgiven kraft. Derfor ser vi i Johannesevangeliet 9:32-33: *"Det er aldrig hørt før, at nogen har åbnet øjnene på en, der er født blind. Hvis den mand ikke var fra Gud, kunne han intet gøre."*

I Apostlenes gerninger 3:1-10 er der en scene, hvor Peter og Johannes, som begge har modtaget Guds kraft, hjælper en mand, der har været lam fra fødslen, og som tigger ved en tempelport, der kaldes Den Skønne. I vers 6 siger Peter til ham: *"Sølv eller guld har jeg ikke, men jeg giver dig, hvad jeg har: I Jesu Kristi, nazaræerens, navn, stå op og gå!"* Så greb han den lammes højre hånd og rejste ham op, og mandens fødder og ankler blev øjeblikkeligt stærke, og han begyndte at prise Gud. Da folk så den mand, som tidligere havde været lam, gå rundt og prise Gud, blev de fyldt af forundring.

Hvis et menneske ønsker at blive helbredt, må han have tro på Jesus Kristus. Selv om den lamme mand kun var tigger, så blev han helbredt, fordi han troede på Jesus Kristus, da de, som havde modtaget Guds kraft, bad for ham. Det er derfor, skrifterne fortæller os: *"Ved troen på Jesu navn har hans navn bragt denne mand, som I ser og kender, til kræfter. Den tro, som er virket ved Jesu navn, har for øjnene af jer alle givet manden hans fulde førlighed"* (Apostlenes Gerninger 3:16).

I Matthæusevangeliet 10:1 ser vi at Jesus gav sine disciple magten over urene ånder til at uddrive dem, og til at helbrede alle slags sygdomme og lidelser. På gammeltestamentlig tid gav Gud kraften til at helbrede lidelser til sine elskede profeter såsom Moses, Elijas og Elisa; i nytestamentlig tid var Guds kraft med apostlene såsom Peter og Paul, og trofaste medhjælpere som Stefanus og Filip.

Når først man modtager Guds kraft, er intet umuligt, for han kan rejse krøblingen; helbrede dem, som lider af børnelammelse og gøre dem i stand til at gå; få den blinde til at se; åbne den døves øre; og løsne den døvstummes tunge.

2. Forskellige måder til at helbrede lidelser

1) Guds kraft helbredte en døvstum mand

I Markusevangeliet 7:31-37 er der en scene, hvor Guds kraft helbreder en døvstum mand. Da folk bragte manden hen til Jesus, og bad ham om at lægge hånden på ham, tog Jesus ham afsides og stak fingrene ind i mandens ører. Så spyttede han og rørte ved hans tunge. Han kiggede op i himlen, og sagde med et dybt suk: *"Effatha" (det betyder: Luk dig op)* (vers 34). Straks blev mandens ører åbnet, hans tunge blev løsnet, og han begyndte at tale normalt.

Kunne Gud, som har skabt alt i universet ved sit ord, ikke også have helbredt denne mand med ordet? Hvorfor måtte Jesus putte fingrene i mandens ører? Da en døv person ikke kan høre som andre, og kommunikerer med tegnsprog, kan denne mand ikke have haft den samme tro som andre, for han havde ikke hørt Jesus tale. Jesus vidste, at manden manglede tro, og han stak fingrene i ørerne på ham for at manden gennem denne berøring kunne få tro, og dermed blive helbredt. Det vigtigste element i helbredelsen er troen, hvormed man stoler på, at man vil blive helbredt. Jesus kunne have helbredt manden med ordet, men da han ikke kunne høre, skabte Jesus tro i ham og lod manden blive helbredt på denne måde.

Så hvorfor spyttede Jesus og rørte ved mandens tunge? Det, at Jesus spyttede, fortæller os, at manden var blevet stum på grund af en ond ånd. Ville man acceptere, at nogen spyttede en i ansigtet uden nogen særlig grund? Det er en besudlende og umoralsk handling, som kaster skam over en person. Da det generelt er et symbol på manglende respekt og nedværdigelse af en person at spytte, gjorde Jesus det for at uddrive den onde ånd.

I Første Mosebog ser vi, at Gud forbandede slangen til at spise støv alle sine dage. Dette henviser til Guds forbandelse af den fjendtlige djævel og Satan, som havde opildnet slangen, og som er på jagt efter mennesket, som er lavet af jord. Siden Adams tid har den fjendtlige djævel stræbt efter mennesket, og benyttet enhver lejlighed til at torturere og opsluge mennesket. Ligesom fluer, myg og mider lever på snavsede steder, vil den fjendtlige djævel tage bolig i mennesker, hvis hjerter er fulde af synd, ondskab og opfarenhed, der tager deres sind som gidsel. Vi må indse, at kun de, som lever og handler ved Guds ord, kan blive helbredt for deres sygdomme.

2) Guds kraft helbredte en blind mand

I Markusevangeliet 8:22-25 ser vi følgende:

> *"Så kom de til Betsajde. Og folk førte en blind hen til ham, og de bad ham om at røre ved ham. Han tog den blinde ved hånden og førte ham uden for landsbyen, og han spyttede på hans øjne, lagde hænderne på ham og spurgte: "Kan du se noget?" Og han åbnede øjnene og sagde: "Jeg kan se mennesker, for jeg ser nogle, som ligner træer, men de går omkring." Så lagde han igen hænderne på hans øjne, og nu så han klart, og han var helbredt og kunne skelne alt tydeligt."*

Da Jesus bad for denne blinde mand, spyttede han på mandens øjne. Hvordan kan det være, at den blinde ikke kom til at se første gang, Jesus bad for ham, men først efter, at Jesus havde bedt for to gange? Jesus kunne have helbredt manden fuldstændig med sin kraft, men da manden havde liden tro, bad Jesus anden gang for at hjælpe ham til at opnå tro. Dermed lærer Jesus os, at når nogle mennesker ikke kan blive helbredt første gang, de modtager en bøn, så må vi beder for disse mennesker to, tre eller endda fire gange for at de kan få den tro, hvormed de kan få tillid til deres helbredelse.

Jesus, for hvem intet var umuligt, bad to gange, da han vidste, at den blinde mand ikke kunne blive helbredt ved sin tro. Så hvad bør vi gøre? Vi bør blive ved at bede og bønfalde med endnu større udholdenhed, indtil vi blive helbredt.

I Johannesevangeliet 9:6-9 er der en mand, som er født blind, der bliver helbredt efter at Jesus spytter på jorden, laver lidt mudder med spyttet og smører det på mandens øjne. Hvorfor helbredte Jesus ham på denne måde? Spyttet henviser i denne sammenhæng ikke til noget urent; Jesus spyttede på jorden, sådan at han kunne lave mudder til den blinde mand øjne. Han brugte spyttet, idet vandet var sparsomt. Når et barn får en knop, en hævelse eller et insektbid, kommer forældrene ofte deres eget spyt på skaden på en omsorgsfuld måde. Vi bør forstå at vor Herre i sin kærlighed benyttede en række forskellige metoder til at hjælpe de svage til at få tro.

Da den blinde mand mærkede mudderet, som Jesus smurte på hans øjne, fik han den tro, hvormed han kunne blive helbredt. Efter at Jesus havde givet den blinde tro, åbnede han mandens øjne med sin kraft.

Jesus siger til os: *"Hvis ikke I får tegn og undere at se, tror I ikke"* (Johannesevangeliet 4:48). I dag er det umuligt at hjælpe folk til at opnå den form for tro, hvormed man kan blive helbredt, udelukkende med ordet i Bibelen. De skal også se mirakuløse helbredelser og undere. I en tidsalder, hvor videnskaben og menneskets tro har haft enorm fremgang, er det ekstremt vanskeligt at have spirituel tro til at stole på en usynlig Gud. "Jeg tror det, når jeg ser det", hører man ofte. På samme måde vil folks tro vokse og helbredelsen vil foregå hurtigere, hvis de ser håndgribelige beviser på den levende Gud. "Mirakuløse tegn og undere" er bestemt nødvendige.

3) Guds kraft helbredte en lam

Da Jesus havde prædiket det gode budskab og helbredt mennesker, som led af alle slags sygdomme og lidelser, manifesterede hans disciple også Guds kraft.

Peter befalede en lam tigger: *"I Jesu Kristi, nazaræerens, navn, stå op og gå"* (vers 6), og rejste ham op ved højre arm. Straks blev mandens fødder og ankler stærke, og han begyndte at gå (Apostlenes Gerninger 3:6-10). Da folk så de mirakuløse tegn og gerninger, Peter havde manifesteret efter at have modtaget Guds kraft, kom flere mennesker til at tro på Herren. De bragte de syge ud på gaderne, og lagde dem på bårer, sådan at i det mindste Peters skygge ville falde over nogle af dem, når han kom forbi. Der samlede sig en stor menneskemængde fra byerne omkring Jerusalem, og de medbragte deres syge og dem, der blev plaget af dæmoner. Og de blev alle helbredt (Apostlenes Gerninger 5:14-16).

I Apostlenes Gerninger 8:5-8 ser vi: *"Filip tog ned til byen*

Samaria og prædikede for dem om Kristus. Og i folkeskarerne var alle som én optaget af det, Filip sagde, når de lyttede til ham og så de tegn, han gjorde; for mange af dem, der var besat af urene ånder, dem fór de ud af med råb og høje skrig, og mange lamme og halte blev helbredt. Og der blev stor glæde i den by" (Apostlenes Gerninger 8:5-8).

I Apostlenes Gerninger 14:8-12 læser vi om en mand, der var lam fra fødslen og ikke kunne bruge sine ben. Han havde aldrig gået. Efter at han havde lyttet til Paulus' budskab og fik en tro, hvormed han kunne blive frelst, sagde Paulus til ham: *"Rejs dig og stå på dine ben!"* (vers 10), og manden sprang straks om og kunne gå. De mennesker, som så denne hændelse, sagde: *"Guderne er i menneskeskikkelse kommet ned til os!"* (vers 11)

I Apostlenes Gerninger 19:11-12 ser vi følgende: *"Gud lod usædvanlige undergerninger ske ved Paulus' hænder. Ja, man bragte ligefrem tørklæder eller bælter, som Paulus havde båret, hen til de syge; og sygdommene forlod dem og de onde ånder fór ud."* Hvor er Guds kraft dog forbløffende og underfuld!

Guds kraft manifesteres selv i dag gennem de mennesker, som har opnået helliggørelse af deres hjerter og fuldkommen kærlighed ligesom Peter, Paulus og diakonerne Filip og Stefanus. Når folk kommer til Gud med tro og ønsker at få deres lidelser helbredt, kan de blive raske ved at modtage en bøn fra Guds tjenere, som han arbejder igennem.

Siden jeg grundlagde Manmin, har den levende Gud ladet mig manifestere en lang række mirakuløse tegn og undere, hvorved der er blevet sået tro i medlemmernes hjerter og sket en stor vækkelse.

Der var engang en kvinde, som havde været offer for hendes alkoholiske mands misbrug. Da hendes optiske nerver var blevet lammet og lægerne havde opgivet håbet på grund af det alvorlige fysiske misbrug, kom kvinden til Manmin. Hun deltog flittigt i gudstjenesterne og bad oprigtigt for helbredelse, og da hun modtog min bøn, kom hun til at se igen. Guds kraft havde fuldstændig genoprettet de optiske nerver, som ellers syntes at være gået tabt for evigt.

Ved en anden lejlighed var der en mand, som led af en alvorlig skade, hvor hans rygsøjle var blevet knust otte steder. Da den nedre del af hans krop var blevet lammet, stod han for at få begge ben amputeret. Han imod Jesus Kristus og undgik han amputationen, men måtte stadig bruge krykker. Så begyndte han at komme til møder i Manmin bønnecenter, og kort tid efter modtog han min bøn under en nattelang fredagsgudstjeneste. Han smed krykkerne, kom til at gå normalt, og er efterfølgende begyndt at prædike budskabet.

Guds kraft kan fuldstændig helbrede lidelser, som lægevidenskaben er ude af stand til at kurere. I Johannesevangeliet 16:23 lover Jesus os: *"Den dag skal I ikke spørge mig om noget. Sandelig, sandelig siger jeg jer: Beder I Faderen om noget i mit navn, skal han give jer det."* Må du tro på Guds forbløffende kraft, søge den oprigtigt, få svar på alle dine sygdommes problemer og blive en budbringer, som overbringer budskabet om den levende og almægtige Gud, det beder jeg om i vor Herres navn!

Kapitel 6

Måder til helbredelse af en dæmonbesat

Da Jesus var kommet inden døre
og var alene med sine disciple, spurgte de ham:
"Hvorfor kunne vi ikke drive den ud?"
Han svarede dem:
"Den slags kan kun drives ud ved bøn."

Markusevangeliet 9:28-29

1. I de sidste dage skal kærligheden blive kold

Den moderne videnskabelige civilisations fremskridt og den industrielle udvikling har medbragt materiel velstand og har tilladt folk at søge mere komfort og rigdom. På samme tid har disse to faktorer resulteret i fremmedgørelse, overdreven selviskhed, bedrag og mindreværdskomplekser hos mange mennesker. Kærligheden mindskes og det er svært at finde forståelse og tilgivelse.

Det forudsiges i Matthæusevangeliet 24:12: *"Fordi lovløsheden tager overhånd, skal kærligheden blive kold hos de fleste."* I en tid, hvor ondskaben trives og kærligheden bliver kold, er et af de alvorligste problemer i vores samfund det stigende antal mennesker, der lider af mentale forstyrrelser såsom nervesammenbrud og skizofreni.

Mentale institutioner isolerer mange patienter, som er ude af stand til at leve normale liv, men de har endnu ikke fundet en passende kur. Hvis der ikke er noget fremskridt efter mange års behandling, bliver familierne trætte og i mange tilfælde forsager de patienterne som forældreløse børn. Disse patienter, der lever adskilt fra deres familier, er ude af stand til at fungere normalt. Og selv om de har brug for ægte kærlighed fra deres elskede, er der ikke mange mennesker, der viser kærlighed overfor sådanne individer.

I Bibelen ser vi mange tilfælde, hvor Jesus helbreder mennesker, som er blevet besat af dæmoner. Hvorfor er dette blevet optegnet i skrifterne? Da tidens afslutning kommer nærmere, bliver kærligheden kold og Satan torturerer folk, får dem til at lide af mentale sygdomme og adopterer dem som djævlens børn. Satan torturerer, påfører sygdomme, forvirrer og pletter folks sind med synd og ondskab. For samfundet er gennemtrængt af synd og ondskab, og folk er hurtige til at blive misundelige, skændes, hade og myrde hinanden. Da de sidste dage kommer nærmere, må kristne være i stand til at skelne sandhed fra usandhed, holde fast på deres tro og føre sunde liv både fysisk og mentalt.

Lad os undersøge årsagen til Satans tortur og det stigende antal af mennesker, som besættes af Satan og dæmoner, og lider af mentale forstyrrelser i vores moderne samfund, hvor den videnskabelige civilisation har gjort store fremskridt.

2. Den proces, hvormed man bliver besat af Satan

Alle har samvittighed, og de fleste mennesker opfører sig og lever i overensstemmelse med deres samvittighed, men den enkeltes standart og de resultater, der følger, varierer fra person til person. Det skyldes, at hver enkelt er født og opvokset i forskellige miljøer og under forskellige betingelser, har set, hørt og lært forskellige ting fra forældre, i hjemmet, og i skolen, og har registreret forskellig information.

Guds ord, som er sandheden, siger os på den ene side følgende: *"Lad dig ikke overvinde af det onde, men overvind det onde med det gode"* (Romerbrevet 12:21) og *"Jeg siger jer, at I ikke må sætte jer til modværge mod den, der vil jer noget ondt.*

Men slår nogen dig på din højre kind, så vend også den anden til" (Matthæusevangeliet 5:39). Da ordet taler om kærlighed og tilgivelse, bliver lærersætningen "At tabe er at vinde" til standart for dem, som tror. På den anden side lærer man mange steder, at man skal gøre gengæld, når man bliver ramt, og mange personer vil således tænke, at det er modigt at gøre modstand, mens det at føje sig uden videre er fejt. Folks samvittighed formes af tre forskellige faktorer: Individets standart af vurderinger;om vedkommende har levet et retfærdigt liv eller ej; og i hvor høj grad personen er gået på kompromis med verden.

Folk har ført forskellige liv og deres samvittighed er derfor forskellig. Guds fjende Satan benytter sig af dette for at friste folk til at leve i overensstemmelse med den syndefulde natur, som står i modstrid til det retfærdige og gode ved at vække onde tanker og opildne folk til synd.

I folks hjerter er der konflikt mellem Helligåndens ønsker, som er at leve efter Guds lov, og den syndefulde naturs lyste, som tvinger folk til at følge deres kødelige behov. Det er derfor, Gud tilskynder os på følgende måde i Galaterbrevet 5.16-17: *"Hvad jeg mener, er: I skal leve i Ånden og ikke følge kødets lyst. For kødets lyst står Ånden imod, og Ånden står kødet imod. De to ligger i strid med hinanden, så I ikke kan gøre, hvad I vil."*

Hvis vi lever ved Helligåndens ønsker, vil vi arve Guds rige. Men hvis vi følger den syndefulde naturs lyster og ikke lever ved Guds ord, vil vi ikke arve hans rige. Det er derfor Gud advarer os i Galaterbrevet 5:19-21:

"Kødets gerninger er velkendte: Utugt, urenhed, udsvævelse, afgudsdyrkelse, trolddom, fjendskaber, kiv, misundelse, hidsighed, selviskhed, splid, kliker, nid, drukkenskab, svir og mere af samme slags. Jeg siger jer på forhånd, som jeg før har sagt, at de, der giver sig af med den slags, ikke skal arve Guds rige."

Så hvordan bliver folk besatte af dæmoner?

Satan vækker den syndefulde naturs begær hos personer, hvis hjerter er fyldt med den syndefulde natur. Hvis en person er ude af stand til at kontrollere sindet, og udfører den syndefulde naturs gerninger, så vil en fornemmelse af skyld slå sig ned i hans hjerte, og det vil blive endnu mere ondt. Når gerningerne fra den syndefulde natur hober sig op, vil personen til sidst være ude af stand til at kontrollere sig, og i stedet gøre hvad som helst, Satan opildner ham til. En sådan person siges af være "besat" af Satan.

Lad os sige, at der er en doven mand, som ikke kan lide at arbejde, men i stedet foretrækker at drikke og spilde sin tid. Satan vil opildne et sådant individ og kontrollere hans sind, sådan at han vil fortsætte med at drikke og spilde siden, og føle at det er besværligt at arbejde. Satan vil også drive ham bort fra godheden, som er sandheden; fratage ham energi til at forbedre sit liv; og gøre ham til en uduelig og nytteløs person.

Da manden lever og opfører sig i overensstemmelse med Satans tænkning, er han ude af stand til at slippe bort fra Satan.

Desuden bliver hans hjerte i stigende grad ondt, og han har allerede overgivet sig til onde tanker. I stedet for at kontrollere sit hjerte, vil han gøre, hvad der passer ham: Hvis han ønsker at blive vred, vil han blive det i den udstrækning, som han har lyst til; hvis han ønsker at kæmpe og skændes, vil han gøre det så meget, som det passer ham; og hvis han ønsker at drikke, vil han være ude at stand til at hindre sig selv i det. Denne adfærd hober sig op, at på et vist tidspunkt vil han ikke være i stand til at kontrollere sine tanker og sit hjerte, og han vil finde, at alt går imod hans vilje. Efter denne proces bliver han besat af dæmoner.

3. Årsagen til dæmonbesættelse

Der er to væsentlige årsager til, at folk bliver opildnet af Satan og senere bliver besat af dæmoner.

1) Forældre

Hvis forældrene har forladt Gud, tilbedt falske guder, som Gud afskyr, eller har gjort noget ekstraordinært ondt, så vil de onde kræfter komme over deres børn, og hvis der ikke passes på dem, vil de blive besat af djævlen. I sådanne tilfælde må forældrene komme til Gud, angre deres synder grundigt, gå bort fra deres syndefulde veje og bønfalde Gud på vegne af deres børn. Da vil Gud se, hvad forældrenes hjerter rummer, og han vil manifestere sin helbredende gerning, hvorved uretfærdighedens kæder vil blive løsnet.

2) Personen selv

Uanset forældrenes synder kan en person blive besat af dæmoner på grund af egen usandhed, inklusive ondskab, stolthed, og så videre. Da individet ikke kan bede og angre selv, kan uretfærdighedens kæder først løsnes, når personen modtager en forbøn fra en af Guds tjenere, som manifesterer hans kraft. Når dæmonerne bliver uddrevet, og personen kommer til sig selv, bør han lære Guds ord, sådan at hans hjerte, som engang var gennemblødt af synd og ondskab, vil blive renset og forandres til et sandt hjerte.

Så hvis man har et familiemedlem eller en slægtning, som er besat af en dæmon, må familien udpege et individ, som vil bede på personens vegne. Den dæmonbesatte persons hjerte og sind kontrolleres af dæmoner, og vedkommende kan derfor ikke gøre noget af egen vilje. Han kan hverken bede eller lytte til sandhedens ord. Og han kan ikke leve ved sandheden. Derfor må hele familien, eller endda bare en enkelt person fra familien bede for ham med kærlighed og medfølelse, så den dæmonbesatte kan komme til at leve i troen. Når Gud ser familiens kærlighed og hengivenhed, vil han åbenbare en helbredende gerning. Jesus sagde, at vi skal elske vores næste som os selv (Lukasevangeliet 10:27). Hvis vi er ude af stand til at bede med hengivenhed for et medlem af vores egen familie, som er besat af dæmoner, hvordan kan vi så sige, at vi elsker vores næste?

Når familien og vennerne til en person, som er besat af dæmoner, bliver bevidst om årsagen, angrer, beder med tro på Guds kraft, er hengivne i kærlighed og sår troens frø, så vil dæmonernes kræfter blive drevet bort, og deres kære vil blive forandret til et menneske i sandheden, som Gud vil beskytte mod dæmoner.

4. Måder til at helbrede personer, der er blevet besat af dæmoner

I mange dele af Bibelen er der beretninger om helbredelse af personer, som er besat af dæmoner. Lad os undersøge, hvordan helbredelsen foregår.

1) Man må tilbagedrive dæmonernes kraft

I Markusevangeliet 5:1-20 ser vi en mand, som var besat af en uren ånd. Vers 3-4 forklarer om manden: *"Han holdt til i gravene, og ikke engang med lænker kunne man holde ham bundet; for han var ofte blevet lagt i fodjern og lænker, men lænkerne havde han revet af sig, og forjernene havde han sprængt. Ingen var i stand til at kunne tæmme ham."* Og der fortsættes i Markusevangeliet 5:5-7: *"Hele tiden, nat og dag, løb han rundt mellem gravene og på bjergene og råbte og skreg og slog sig selv med sten. Da han på lang afstand fik øje på Jesus, kom han løbende og kastede sig ned for ham og råbte med høj røst: 'Hvad har jeg med dig at gøre, Jesus, du Gud den Højestes søn! Jeg besværger dig for Guds skyld: Pin mig ikke!'"*

Dette blev sagt som svar på Jesu befaling: *"Du urene ånd, far ud af manden!"* (vers 8) Denne scene fortæller os, at selv om folk ikke vidste, at Jesus var Guds søn, så var den urene ånd udmærket klar over, hvem Jesus var, og hvilken slags kraft, han havde.

Jesus spurgte den så: *"Hvad er dit navn?"*, og den dæmonbesatte svarede: *"Legion er mit navn, for vi er mange"* (vers 9). De tiggede og bad også Jesus om ikke at sende dem bort fra egnen, men i stedet at lade dem fare i grisene. Jesus bad ikke om navnet, fordi han ikke vidste det, men derimod på samme måde som en dommer beder om navnet på forbryderen. Desuden betød navnet "Legion", at der var mange dæmoner, som holdt manden som gidsel.

Jesus lod "Legion" fare i en flok svin, som styrtede sig ud over skrænten ned i søen og druknede. Når vi uddriver dæmoner, må vi gøre det med sandhedens ord, som symboliseres af vand. Da folk så manden, som nu var fuldstændig helbredt, sidde påklædt og ved sin fulde fornuft, blev de grebet af frygt.

Hvordan bør vi uddrive dæmoner i dag? De skal uddrives i Jesu Kristi navn til vand, som symboliserer ordet, eller til ild, som symboliserer Helligånden, sådan at de mister deres kraft. Men da dæmonerne er spirituelle væsener, vil de blive uddrevet, når en person med kraft til at gøre det, beder. Hvis et individ uden tro forsøger at uddrive dem, vil dæmonerne nedgøre eller spotte vedkommende. Så for at helbrede en dæmonbesat må et Guds menneske med kraft til at uddrive bede for den besatte.

Til tider vil dæmonerne dog ikke lade sig uddrive, selv om et Guds menneske gør det i Jesu Kristi navn. Det skyldes, at den person, som er blevet besat af dæmoner, har bespottet eller talt imod Helligånden (Matthæusevangeliet 12:31; Lukasevangeliet 12:10). Helbredelsen kan ikke manifesteres, når den besatte overlagt har fortsat med at synde efter at have fået viden om sandheden (Hebræerbrevet 10:26).

Desuden ser vi i Hebræerbrevet 6:4-6: *"For det er umuligt at føre dem til ny omvendelse, som én gang er blevet oplyst og har smagt den himmelske gave, dem som har fået Helligånden og smagt Guds gode ord og den kommende verdens kræfter, og som så falder fra; for de korsfæster Guds søn igen og gør ham til spot."*

Nu hvor vi har lært dette, må vi vogte os, sådan at vi aldrig begår synder, som vi ikke kan blive tilgivet. Vi må også skelne i sandheden om en person, der er besat af dæmoner, kan helbredes ved bøn.

2) Man skal væbne sig med sandheden

Når først dæmonerne er blevet uddrevet, må de personer, som tidligere var besatte, fylde deres hjerter med liv og sandhed ved flittigt at læse Guds ord, lovsige og bede. Selv om dæmonerne er blevet drevet ud, kan de komme tilbage, hvis folk fortsætter med at leve i synd uden at væbne sig med sandheden, og de vil være ledsaget af dæmoner, som er endnu mere onde. Man bør huske, at folk vil være langt dårligere stillet hvis dette sker end første gang, dæmonerne var faret i dem.

I Matthæusevangeliet 12:43-45 fortæller Jesus os følgende:

"Når den urene ånd er drevet ud af et menneske,

flakker den om i øde egne og søger efter hvilke, men finder den ikke. Da siger den: Jeg vil vende tilbage til mit hus, som jeg er drevet ud af. Og når den kommer, finder den det ledigt, fejet og prydet. Så går den ud og tager syv andre ånder med, værre end den selv, og de kommer og flytter ind dér. Og det sidste bliver værre for det menneske end det første. Sådan skal det også gå i denne onde slægt."

Dæmoner bør ikke uddrives uden omhu. Efter at dæmonerne er blevet drevet ud, bør venner og familie til den, som har været besat, desuden forstå, at personen nu har brug for endnu mere kærlighed end tidligere. De må se efter ham med hengivenhed og opofrelse, og væbne ham med sandheden, indtil han har opnået en fuldkommen helbredelse.

5. Alt er muligt for den, som tror

I Markusevangeliet 9:17-27 er der en redegørelse for Jesu helbredelse af en dreng, som var besat af en ånd, der havde frarøvet ham talens brug. Han led desuden af epilepsi, men blev helbredt, efter at Jesus så farens tro. Lad os kort undersøge, hvordan sønnen blev helbredt.

1) Familien må vise deres tro

I Markusevangeliet 9 ser vi en dreng, som havde

været døvstum siden den tidlige barndom på grund af dæmonbesættelse. Han kunne ikke forstå et eneste ord, og det var umuligt at kommunikere med ham. Desuden var det svært at bestemme, hvad der fremkaldte hans epilepsi. Han får levede derfor i frygt og fortvivlelse, og havde mistet alt håb.

Så hørte faren om en mand fra Galilæa, som manifesterede mirakler ved at genoplive de døde og helbrede forskellige sygdomme. En stråle af håb brød gennem mandens fortvivlelse. Hvis historierne talte sandt, ville denne mand fra Galilæa også kunne helbrede drengen, tænkte hans far. Faren bragte derfor sin søn til Jesus i håb om held, og sagde til ham: *"Hvis du kan gøre noget, så forbarm dig over os og hjælp os!"* (Markusevangeliet 9:22)

Da Jesus hørte farens oprigtige bøn, sagde han: "Hvis du kan? Alt er muligt for den, der tror." Han irettesatte således faderen for hans liden tro. Faren havde hørt budskabet, men havde ikke troet det i sit hjerte. Hvis faderen havde vidst, at Jesus er Guds søn, og at han er almægtig og er sandheden selv, ville han ikke have sagt "hvis." Jesus gentog derfor ordene "hvis du kan", for at lære os, at det er umuligt at behage Gud uden tro, og at det er umuligt at modtage svar uden en fuldkommen tro.

Tro kan generelt opdeles i to typer. Der er "kødelig tro" eller "tro som viden", hvormed man tror på det, man ser. Den form for tro, hvormed man også tror på det, man ikke kan se, kaldes "spirituel tro", "sand tro", "levende tro" eller "tro ledsaget af handlinger." Denne form for tro kan skabe noget ud af intet. Definitionen af "tro" er ifølge Bibelen: *"fast tillid til det, der håbes på, overbevisning om det, der ikke ses"* (Hebræerbrevet 11:1).

Hvis folk lider af sygdomme, som kan kureres med menneskelige metoder, kan de helbredes, når deres sygdomme brændes af Helligåndens ild ved at de viser deres tro og fyldes med Helligånden. Er der tale om en begynder i troen, der bliver syg, kan han helbredes, når han åbner sit hjerte, lytter til ordet, og viser sin tro. Når en moden kristen bliver syg, kan han helbredes ved at omvende sig gennem anger.

Hvis folk lider af sygdomme, som ikke kan kureres med lægevidenskaben, må de vise en forholdsvis større tro. Når en moden kristen bliver syg, kan han blive helbredt ved at åbne sit hjerte, angre af hjertets grund og bede oprigtigt. Bliver en person med liden tro eller helt uden tro syg, kan han ikke blive helbredt, før han får tro, og den helbredende gerning vil derefter blive manifesteret i overensstemmelse med målet af troen.

De mennesker, som er fysisk handicappede, hvis kroppe er vanskabte eller som har arvelige sygdomme, kan kun helbredes ved Guds mirakler. De må derfor vise Gud deres hengivenhed og en tro, hvormed de kan elske ham og behage ham. Først da vil Gud anerkende deres tro og manifestere helbredelsen. Når folk viser deres brændende tro på Gud, på samme måde som Bartimæus oprigtigt kaldte på Jesus (Markusevangeliet 10:46-52), ligesom en officer viste Jesus sin store tro (Matthæusevangeliet 8:5-13), og ligesom den lamme og hans fire venner viste deres tro og hengivenhed (Markusevangeliet 2:3-12), så vil Gud helbrede dem.

Da mennesker, som er besat af dæmoner, ikke kan helbredes

uden Guds gerning, og ikke er i stand til at vise deres tro, må andre familiemedlemmer tro på den almægtige Gud og søge ham for at nedkalde helbredelse fra himlen.

2) Folk må have tro, hvormed de kan have tillid

Faren til den dreng, som længe havde været besat af en dæmon, blev irettesat af Jesus for hans liden tro. Da Jesus sagde med overbevisning: *"Alt er muligt for den, der tror"* (Markusevangeliet 9:23), svarede faderen med den positive bekendelse: *"Jeg tror."* Men hans tro var begrænset til viden. Derfor bad han Jesus: *"Hjælp min vantro!"* (Markusevangeliet 9:24) Da Jesus hørte denne inderlige bøn fra faren, som havde et oprigtigt hjerte, gav han faren en tro, hvormed han kunne have tillid.

Vi kan på samme måde få en tro, hvormed vi kan have tillid, når vi kalder på Gud, og med denne form for tro vil vi kunne få svar på vores problemer. Det "umulige" vil dermed blive muligt.

Da faren fik tro nok til at have tillid, sagde Jesus: *"Du stumme og døve ånd, jeg befaler dig: Far ud af ham og far aldrig mere ind i ham"*, og ånden forlod drengen med et skrig (Markusevangeliet 9:25-27). Da faren efter Jesu irettesættelse bad om den tro, hvormed han kunne have tillid til Guds indgriben, manifesterede Jesus en forbløffende helbredelsesgerning.

Jesus gav drengen en fuldstændig helbredelse, selv om han havde været besat af en ånd, som havde frarøvet ham talens brug, og desuden havde lidt af epilepsi, som fik ham til at falde, fråde, skære tænder og blive helt stiv. Så for dem, som tror på Guds kraft, hvormed alt er muligt, og som lever ved hans ord, vil han lade alt gå godt og han vil føre dem til at leve sunde liv.

Kort tid efter at jeg havde grundlagt Manmin, var der en ung mand fra Gang-won provinsen, som besøgte kirken efter at have hørt om den. Den unge mand troede, at han tjente Gud trofast som underviser i søndagsskolen og medlem af koret. Men da han var ekstremt stolt og ikke skilte sig af med ondskaben i sit hjerte, hobede hans synder sig op, og han led under, at en dæmon var kommet ind i hans urene hjerte og havde taget bolig i det. Den helbredende gerning blev manifasteret som svar på hans fars oprigtige bøn og hengivenhed. Da dæmonens identitet var blevet fastsat, og den var blevet drevet ud, fik den unge mand fråde om munden, faldt om på ryggen og udgav en frygtelig lugt. Derefter blev den unge mands liv fornyet, og han væbnede sig med sandheden i Manmin. I dag er han en trofast tjener i sin kirke i Gang-won, og han ærer Gud ved at dele sit vidnesbyrds nåde med utallige mennesker.

Må du forstå, at alt er muligt gennem Guds arbejde, som har et uendeligt omfang. Når du søger i bøn, vil du ikke bare blive et velsignet barn af Gud, men også en skattet helgen, for hvem alt går godt til enhver tid. Det beder jeg om i vor Herres navn!

Kapitel 7

Den spedalske Na'amans tro og lydighed

Så kom Na'aman med heste
og vogn og gjorde holdt for døren til Elisas hus.
Elisa sendte et bud ud til ham med den besked:
"Gå hen og bad dig syv gange i Jordan,
så bliver din krop rask, og du bliver ren"
Så gik han ned og dyppede sig syv gang i Jordan,
som gudsmanden havde sagt,
og hans krop blev så rask som en lille drengs,
og han blev ren.

Anden Kongebog 5:9-10; 14

1. Den spedalske hærfører Na'aman

I løbet af tilværelsen møder vi små og store problemer. Og til tider står vi overfor problemer, som overstiger den menneskelige kapacitet.

I et land nord for Israel, som hed Aram, var der en hærfører ved navn Na'aman. Han førte Arams hær til sejr på et kritisk tidspunkt. Na'aman elskede sit land og tjente kongen trofast. Selv om kongen satte Na'aman højt, var hærføreren fortvivlet på grund af en hemmelighed, som ingen kendte til.

Så hvad var årsagen til hans fortvivlelse? Na'aman led ikke, fordi han manglede velstand eller berømmelse. Men han var sorgfuld og ulykkelig, fordi han var spedalsk, og sygdommen var uhelbredelig med datidens medicin.

På Na'amans tid blev folk, som led af spedalskhed, anset for urene. De blev tvunget til at leve isoleret uden for byens grænser. Na'amans lidelse var endnu mere ubærlig på grund af de problemer, som fulgte med sygdommen. Symptomerne på spedalskhed er blandt andet pletter på kroppen, særligt i ansigtet, og på arme og ben, og der sker en degeneration af sanserne. I alvorlige tilfælde vil øjenbryn, fingernegle og tånegle falde af, og man vil få et skrækkeligt udseende.

Men Na'aman, som var ulykkelig på grund af sin uhelbredelige sygdom, hørte en dag en god nyhed. Ifølge en ung pige, som var blevet taget til fange i Israel, og som nu tjente hans kone, var der en profet i Samaria, som kunne kurere Na'aman for spedalskheden. Og Na'aman ville gøre hvad som helst for at blive helbredt. Han fortalte kongen om sin sygdom, og om det, han havde hørt fra tjenestepigen. Da kongen hørte, at hans trofaste hærfører ville blive helbredt, hvis han opsøgte profeten i Samaria, hjalp han ham ivrigt og skrev endda et brev til Israels konge på Na'amans vegne.

Na'aman tog afsted til Israel med ti talenter sølv, seks tusind guldstykker og ti sæt festklæder samt kongens brev, hvor der stod: *"Jeg sender dette brev til dig med min tjener Na'aman. Ham skal du befri for hans spedalskhed"* (vers 6). På den tid var Aram en stærkere nation end Israel, så da Israels konge læste brevet, flængede han sine klæder og sagde: *"Er jeg Gud, så jeg skulle have magt over liv og død, siden dette menneske sender bud til mig om at helbrede en mand for hans spedalskhed? I må da indse, at han søger et påskud til strid med mig!"* (vers 7)

Da profeten Elisa hørte om dette, sendte han bud til kongen og sagde: *"Hvorfor flænger du dine klæder? Lad ham komme til mig, så skal han erfare, at der er en profet i Israel"* (vers 8). Da Israels konge sendte Na'aman til Elisas hus, mødtes profeten ikke med hærføreren, men sendte et bud til ham med en besked: *"Gå hen og bad dig syv gange i Jordan, så bliver din krop rask, og du bliver ren"* (vers 10).

Hvor må det have været pinligt for Na'aman, som var taget afsted med heste og vogn til Elisas hus, at profeten ikke tog imod ham og mødtes med ham. Hærføreren blev vred. Han havde troet, at når hærføreren for hæren i et land stærkere end Israel kom på besøg, så ville profeten havde budt ham hjerteligt velkommen og lagt hænderne på ham. I stedet fik Na'aman en kølig modtagelse af profeten, og fik besked på at vaske sig i den lille, snavsede Jordan flod.

I sin vrede tænkte Na'aman på at tage hjem igen, og sagde: *"Jeg tænkte, han selv ville være kommet ud og have stillet sig op og påkaldt Herren sin Guds navn og ville have svinget sin hånd over det syge sted, så spedalskheden var forsvundet. Er Damaskus' floder, Abana og Parpar ikke bedre end alle vandløb i Israel? Kunne jeg ikke bade i dem og blive ren?"* (vers 11-12) Så forberedte han sin rejse hjem, men hans tjenere sagde til ham: *"Fader, hvis profeten havde sagt noget svært til dig, ville du så ikke have gjort det? Så meget mere nu, da han blot har sagt: Bad dig, og bliv ren!"* (vers 13) De tilskyndede deres herre til at adlyde Elisas henvisninger.

Så hvad skete der med Na'aman, da han dyppede sig i Jorden syv gange, som Elisa havde givet ham besked på? Hans krop blev så ren som en lille drengs. Spedalskheden, som havde givet Na'aman så stor lidelse, var fuldkommen helbredt. Da denne sygdom, som ikke kunne kureres af mennesker, blev helbredt af Na'amans lydighed overfor gudsmanden, anerkendte hærføreren den levende Gud og profeten Elisa.

Efter at have oplevet den levende Guds kraft – Gud, Helbrederen af spedalskhed – tog Na'aman tilbage til profeten: *"Derefter vendte Na'aman tilbage til gudsmanden med hele sit følge. Da han var kommet derhen og var trådt frem for ham, sagde han: 'Nu ved jeg, at der ikke er nogen Gud på hele jorden, undtagen i Israel. Tag nu imod denne gave fra din tjener!' Men Elisa svarede: 'Så sandt Herren lever, som jeg står i tjeneste hos: Jeg tager ikke imod noget!' Og skønt han nødte ham, sagde han nej. Da sagde Na'aman: 'Så lad være! Men lad mig få så meget jord med, som et spand mulddyr kan trække, herre, for fra nu af vil jeg ikke bringe brændofte eller slagtofre til andre guder end Herren.'"* Og han ærede dermed Gud (Anden Kongebog 5:15-17).

2. Na'amans tro og gerninger

Lad os nu undersøge Na'amans tro og gerninger, da han mødte Gud Helbrederen og blev kureret for en uhelbredelig sygdom.

1) Na'amans gode samvittighed

Nogle mennesker har let ved at acceptere og tro det, som andre siger, mens andre har tendens til at tvivle andre og have mistillid på forhånd. Na'aman havde god samvittighed, og han lod ikke hånt om andre menneskers råd, men tog imod dem med venlighed. Han tog til Israel, adlød Elisas instruktioner og blev helbredt, fordi han havde været opmærksom på en ung tjenestepiges ord frem for at ignorere dem. Da denne unge pige, som var blevet taget til fange i Israel, sagde til Na'amans kone: *"Gid min herre kunne komme til profeten i Samaria. Han skulle nok befri ham for hans spedalskhed"* (vers 5), troede Na'aman på hende. Hvad ville du selv have gjort i Na'amans situation? Ville du have lyttet til hende?

Til trods for fremskridtene i moderne medicin, er der

mange sygdomme, som lægevidenskaben står nytteløs overfor. Hvis du fortæller andre, at du er blevet helbredt af Gud for en uhelbredelig sygdom, eller at du er blevet helbredt efter at have modtaget en forbøn, hvor mange mennesker tror du så, vil tro dig? Na'aman troede på en ung piges ord, bad kongen om tilladelse til at tage af sted, tog til Israel og blev helbredt for sin spedalskhed. Med andre ord kunne Na'aman tage imod den unge piges ord, da hun forkyndte for ham, og han kunne handle derefter, fordi han havde god samvittighed. Vi må også indse, at når vi har fået forkyndt budskabet, kan vi få svar på vores problemer, hvis vi tror på det, der er blevet prædiket, og søger Gud på samme måde som Na'aman.

2) Na'aman ødelagde sine tankemønstrer

Da Na'aman tog til Israel med hjælp fra kongen og kom til Elisas hus, fik han en kølig modtagelse af profeten, som kunne helbrede spedalskhed. Han blev åbenlyst vred, da Elisa, som i den ikke-troende Na'amans øjne hverken havde berømmelse eller social status, ikke bød den trofaste tjener for kongen af Aram velkommen, men i stedet lod ham vide gennem et bud, at han skulle vaske sig i Jordan syv gange. Na'aman blev vred, fordi han var blevet sendt personligt af kongen af Aram. Desuden havde Elisa ikke engang lagt hånden på ham, men i stedet sendt ham afsted for at rense sig i Jordan floden, der var lille og snavset.

Na'aman reagerede med vrede over Elisas handlinger, fordi han ikke kunne forstå dem ved sin egen tænkning. Han forberedte hjemrejsen og tænkte, at der var mange andre store rene floder i hans eget land og at han ville blive renset, hvis han badede i hvilken som helst af dem. Men Na'amans tjenere tilskyndede deres herre til at adlyde Elisas instruktioner og dyppe sig i Jordan Floden.

På grund af Na'amans gode samvittighed fulgte han ikke sin egen tænkning, men besluttede i stedet at adlyde Elisas instruktioner og tage til Jordan. Hvor mange mennesker med en social position svarende til Na'amans ville mon angre og adlyde på opfordring af deres tjenere eller andre med en lavere social status?

Som vi ser i Esajas' Bog 55:8-9: *"For jeres planer er ikke mine planer, og jeres veje er ikke mine veje, siger Herren; for så højt som himlen er over jorden, er mine veje over jeres veje og mine planer over jeres planer."* Når vi holder fast i menneskelig tænkning og teori, kan vi ikke adlyde Guds ord. Lad os huske på, hvordan det gik med Kong Saul, som havde været ulydig overfor Gud. Når vi følger den menneskelige tænkning og ikke adlyder Guds vilje, så er der tale om ulydighed. Og hvis vi ikke anerkender vores ulydighed, må vi huske på, at Gud vil forsage og afvise os på samme måde som han forsagede Kong Saul.

Vi ser i Første Samuelsbog 15:22-23: *"Da sagde Samuel: 'Vil Herren hellere have brændofre og slagtofre end lydighed mod Herren? Nej, at adlyde er bedre end offer, at lytte er bedre end vædderes fedt. Men genstridighed er som spådomssynd, trods som afgudsdyrkelse. Fordi du har forkastet Herrens ord, har han forkastet dig som konge.'"* Na'aman tænkte sig om igen og besluttede sig for at ødelægge sit tankemønster og følge gudsmanden Elisas instruktioner.

På samme måde må vi huske, at vi først kan få opfyldt vores hjertes ønsker, når vi skiller os af med vores ulydige hjerter og forandrer dem til lydige hjerte i overensstemmelse med Guds vilje.

3) Na'aman adlød profetens ord

Na'aman tog hen til Jordan og badede sig, som Elisa havde sagt. Der var mange andre floder, der var bredere og renere end Jordan, men Elisas instruktion om at tage til Jordan havde en spirituel betydning. Jordan floden symboliserer frelse, mens vandet symboliserer Guds ord, som renser menneskets synd og gør det muligt at blive frelst (Johannesevangeliet 4:14). Derfor ville Elisa have, at Na'aman skulle vaske sig i Jordan, der ville føre ham til frelse. Uanset hvor meget større og renere andre floder måtte være, så fører de ikke folk til frelse og har ikke noget med Gud at gøre, så Guds gerning kan ikke åbenbares disse steder.

Jesus fortæller os i Johannesevangeliet 3:5: *"Sandelig, sandelig siger jeg dig: Den, der ikke bliver født af vand og ånd, kan ikke komme ind i Guds rige."* Vejen til syndernes tilgivelse og frelse blev åbnet for Na'aman, da han vaskede sig i Jordan, og han fik mulighed for at møde den levende Gud.

Hvorfor fik Na'aman så besked på at vaske sig 7 gange? Tallet 7 er et fuldkomment tal, der symboliserer perfektion. Da Elise instruerede Na'aman i at vaske sig syv gange, sagde han indirekte til ham, at han skulle opnå tilgivelse for sine synder og dvæle i Guds ord. Først da ville Gud, for hvem alt er muligt, manifestere den helbredende gerning og kurere enhver uhelbredelig sygdom.

Vi lærer dermed, at Na'aman blev helbredt for sin spedalskhed, som lægevidenskaben og menneskelig magt var nytteslos overfor, fordi han adlød profetens ord. Skrifterne fortæller os desangående: *"For Guds ord er levende og virksomt og skarpere end noget tveægget sværd; det trænger igennem, så det skiller sjæl fra ånd og marv fra ben og er dommer over hjertets tanker og meninger. Ingen skabning kan være usynlig for ham, alt ligger blottet og åbent for hans øjne, og ham står vi til regnskab for"* (Hebræerbrevet 4:12-13).

Na'aman søgte Gud, for hvem intet er umuligt, ødelagde sine tankemønstrer, angrede og adlød hans vilje. Da Na'aman dyppede sig syv gange i Jordan, så Gud hans tro og kurerede ham for spedalskhed, så hans krop blev rask og ren som en lille drengs.

Med denne historie, som er et tydeligt bevis på, at helbredelse af spedalskhed kun var mulig med Guds kraft, fortæller Gud os, at enhver uhelbredelig sygdom kan helbredes, når vi behager ham med vores tro ledsaget af gerninger.

3. Na'aman ærer Gud

Efter at Na'aman var blevet helbredt for sin spedalskhed, tog han tilbage til Elisa og sagde: *"Nu ved jeg, at der ikke er nogen Gud på hele jorden, undtagen i Israel... fra nu af vil jeg ikke bringe brændofre eller slagtofre til andre guder end Herren"* (vers 17) og han ærede Gud.

I Lukasevangeliet 17:11-19 er der en scene, hvor ti personer mødes med Jesus og bliver helbredt for spedalskhed. Men kun en af dem komme tilbage til Jesus, priser Gud med høj stemme og kaster sig for Jesu fødder for at takke ham. I vers 17-18 spørger Jesus: *"Var der ikke ti, der blev rene? Hvor er de ni? Er det kun denne fremmede, der er vendt tilbage for at give Gud æren?"* I det følgende vers 19 siger han til manden: *"Stå op og gå herfra. Din tro har frelst dig."* Hvis vi bliver helbredt ved Guds kraft, må vi ikke alene ære Gud, tage imod Jesus Kristus og blive frelst, men også leve ved Guds ord.

Na'aman havde den form for tro og gerning, hvormed han kunne blive kureret for spedalskhed, som var en uhelbredelig sygdom på hans tid. Han havde god samvittighed og troede på det, han hørte fra en ung tjenestepige, som var blevet taget til fange. Han havde tro til at berede en smuk gave til den profet, han skulle besøge. Og han viste lydighed overfor profeten Elisas instruktioner, selv om de ikke stemte overens med hans egne tanker.

Na'aman, som var ikke-jøde, led af en uhelbredelig sygdom, men gennem denne sygdom mødte han den levende Gud og oplevede den helbredende gerning. Enhver, som kommer til den almægtige Gud og viser sin tro med handlinger, vil få svar på alle sine problemer, uanset hvor store de end måtte være.

Må du opnå en dyrebar tro, vise denne tro med gerninger, få svar på alle tilværelsens problemer og blive en velsignet helgen, der ærer Gud. Det beder jeg om i vor Herres navn.

Forfatteren:
Dr. Jaerock Lee

Dr. Jaerock Lee blev født i Muan, Jeonnam provinsen, i den koreanske republik i 1943. Da han var i tyverne, led han af en række uhelbredelige sygdomme syv år i træk, og ventede på døden uden håb om bedring. En dag i foråret 1974 tog hans søster ham dog med i kirke, og da han knælede for at bede, helbredte den Levende Gud straks alle hans sygdomme.

Fra det øjeblik, hvor Dr. Lee mødte den Levende Gud gennem denne vidunderlige oplevelse, elskede han Gud oprigtigt af hele sit hjerte, og i 1978 blev han kaldet som Guds tjener. Han bad indtrængende om klart at forstå og opfylde Guds vilje, og adlød alle Guds bud. I 1982 grundlagde han Manmin Centralkirke i Seoul, Korea, og siden da har utallige af Guds gerninger fundet sted i denne kirke, inklusiv mirakuløse helbredelser og undere.

I 1986 blev Dr. Lee ordineret som pastor ved den årlige forsamling for Jesu Sungkyul kirke i Korea, og fire år senere i 1990 begyndte hans prædikener at blive udsendt til Australien, Rusland, Filippinerne og mange andre steder gennem det Fjernøstlige Udsendelsesselskab, Asiatisk Udsendelsesstation og Washington Kristne Radio.

Tre år senere i 1993 blev Manmin Centralkirke placeret på Top 50 for kirker over hele verden af magasinet *Christian World* i USA, og Dr. Lee modtog et æresdoktorat i guddommelighed fra Fakulteter for Kristen Tro i Florida, USA, og i 1996 en Ph.D i præsteembede fra Kingsway Teologiske Seminar, Iowa, USA.

Siden 1993 har Dr. Lee været en førende person i verdensmissionen gennem mange oversøiske kampagner i USA, Tanzania, Argentina, Uganda, Japan, Pakistan, Kenya, Filippinerne, Honduras, Indien, Rusland, Tyskland, Peru, Congo, Israel, og Estland og i 2002 blev han kaldt en "verdensomspændende pastor" af en større kristen avis i Korea på grund af hans mange oversøiske kampagner.

Siden April 2017 har Manmin Centralkirke været en menighed med mere end 120.000 medlemmer. Der er 11.000 inden og udenrigs søsterkirker over hele kloden, og der er indtil videre udsendt mere end 102 missionærer til 23 lande, inklusiv USA, Rusland, Tyskland, Canada, Japan, Kina, Frankrig, Indien, Kenya og mange flere.

Indtil nu har Dr. Lee skrevet 107 bøger, blandt andet bestsellerne *En Smagsprøve på Det Evige Liv før Døden; Mit Liv, Min Tro (I) & (II); Budskabet fra Korset; Målet af Tro; Himlen I & II; Helvede* og *Guds Kraft* og hans værker er blevet oversat til mere end 76 sprog.

Hans kristne artikler er udsendt i *Hankook Ilbo, JoongAng Daily, Dong-A Ilbo, Chosun Ilbo, Seoul Shinmun, Kyunghyang Shinmun, Korea Economic Daily, Korea Herald, Shisa News* og *Christian Press.*

Dr. Lee er for øjeblikket leder af mange missionsorganisationer og foreninger, blandt andet bestyrelsesformand for Jesus Kristus Forenede Hellighedskirke, Grundlægger og bestyrelsesformand for det Globale Kristne Netværk (GCN), Grundlægger og Bestyrelsesformand for Verdensnetværket af Kristne Læger (WCDN) og Grundlægger og Bestyrelsesformand for Manmin Internationale Seminar (MIS).

Himlen I & II

En detaljeret skitse af det prægtige liv som de himmelske borgere vil nyde, og en beskrivelse af forskellige niveauer af himmelske riger.

Budskabet fra Korset

En stærk vækkelsesbesked til alle menneske, som sover i spirituel forstand. I denne bog vil du se årsagen til, at Jesus er den eneste Frelser, og fornemme Guds sande kærlighed.

Helvede

En indtrængende besked til hele menneskeheden fra Gud, som ikke ønsker at en eneste sjæl skal falde i helvedes dyb! Du vil opdage en redegørelse, som aldrig før er blevet offentliggjort, over de barske realiteter i Hades og helvede.

Ånd, Sjæl og Krop I & II

Gennem en åndelig forståelse af ånd, sjæl og krop, som er menneskets komponenter, kan læserne få indblik i deres "selv" og opnå indsigt i selve livet. Denne bog viser læserne genvejen til at deltage i den guddommelige natur og få alle de velsignelser, som Gud har lovet.

Målet af Tro

Hvilken slags himmelsk bolig og hvilken slags krans og belønninger er blevet gjort klar i himlen? Denne bog giver visdom og vejledning til at måle sin tro, og kultivere den bedste og mest modne tro.

Vågn op, Israel

Hvorfor har Gud holdt øje med Israel fra verdens begyndelse indtil nu? Hvad er hans forsyn for de sidste dage for Israel, som venter på Messias?

Mit Liv, Min Tro I & II

En velduftende spirituel aroma, som er et ekstrakt af den uforlignelige kærlighed til Gud, som blomstrede op midt i mørke bølger, under det tungeste åg og i den dybeste fortvivlelse.

Guds Kraft

En essentiel vejledning, hvorved man kan opnå sand tro og opleve Guds forunderlige kraft. En bog, som må læses.

www.ingramcontent.com/pod-product-compliance
Lightning Source LLC
LaVergne TN
LVHW101947220826
846093LV00006B/140

* 9 7 9 1 1 2 6 3 0 2 8 8 8 *